高等学校公共课系列
立体化精品教材

中华优秀传统文化

主　编　许　娟　彭　凤　朱志军
副主编　雷　科　张静霖

中国人民大学出版社
·北京·

图书在版编目（CIP）数据

中华优秀传统文化 / 许娟，彭凤，朱志军主编. 北京：中国人民大学出版社，2025. 6. -- ISBN 978-7-300-34140-8

Ⅰ. K203

中国国家版本馆 CIP 数据核字第 202571PV42 号

高等学校公共课系列立体化精品教材

中华优秀传统文化

主　编　许　娟　彭　凤　朱志军

副主编　雷　科　张静霖

Zhonghua Youxiu Chuantong Wenhua

出版发行	中国人民大学出版社		
社　　址	北京中关村大街 31 号	**邮政编码**	100080
电　　话	010－62511242（总编室）		010－62511770（质管部）
	010－82501766（邮购部）		010－62514148（门市部）
	010－62511173（发行公司）		010－62515275（盗版举报）
网　　址	http://www.crup.com.cn		
经　　销	新华书店		
印　　刷	北京溢漾印刷有限公司		
开　　本	787 mm×1092 mm　1/16	**版　　次**	2025 年 6 月第 1 版
印　　张	11.5	**印　　次**	2025 年 6 月第 1 次印刷
字　　数	248 000	**定　　价**	39.00 元

前言

在历史长河中，伟大的中华民族创造了光辉灿烂的文化。为弘扬中华优秀传统文化，我们编写了这本教材。

本教材体现先进教育理念，满足多种学习需求，有效激发学生学习动力，展现传统文化魅力，特色体现如下：

一是教材使用体现灵活性。教材结构具有“新型活页式教材”的特点，学习任务、学习单元既是教材的组成部分，也是相对独立的个体，可根据需要进行局部的拆换或增添处理。

二是教材内容体现实践性。教材内容兼具文化课程的跨学科特点和职业教育类型教育的特点，内容丰富、载体多样，利于践行。

三是教材编写注重体现教学性。教材编写遵循成果导向教育（OBE）理念，将课程目标落实于三个模块、十五个单元，以任务支撑目标、活动落实任务、成果检验目标，将单元核心内容设置为“学习目标”“学习任务”“学习活动”“学习成果”四个板块，针对学习成果匹配了任务单和评价量表，既方便教师“教”，也便于学生“学”，以充分的教学性满足“教”与“学”的需要。

本教材由许娟、彭凤、朱志军担任主编。许娟负责内容编写和统稿工作，彭凤、朱志军负责提供图片等资源。特别感谢刘晓波、王晓霞、杨蓉等深耕于教育教学的前辈，他们在课程思政、教材形式、内容结构等方面提供了精细指导。同时也十分感谢张红扬教授在审阅书稿时提出的宝贵意见。

最后，感谢您对本教材的关注和支持。限于编者水平有限，书中难免存在不妥之处，敬请大家批评指正。

编者

目录

凡一国之能立于世界，
必有其国民独具之特质，
上自道德法律，
下至风俗习惯、文学美术，
皆有一种独立之精神。
祖父传之，子孙继之；
然后群乃结，国乃成；斯实民族主义之根柢源泉也。

——梁启超

你了解中华文化吗？
你能自豪地介绍中华文化瑰宝吗？
传承文化，究竟传承什么呢？

导论

走进中华优秀传统文化

文化，是一个民族有别于其他民族的标志。中华民族在历史的长河中创造出了独属于自己的灿烂文化，这就是中华文化。中华文化外显的是传统技艺、节日习俗等文化现象，内蕴的则是我们中国人的思想观念、价值取向、处世之道。

那文明又是什么呢？文明是人类文化发展到一定阶段的产物，是人类进步状态的标志。一般认为，文字、青铜（金属工具）和国家的出现是进入文明时代的标志。

由于地理环境的不同，人类活动方式自然有所不同，进而形成了农耕文明、海洋文明和游牧文明等世界上的主要文明类型。

农耕文明

海洋文明

游牧文明

互动一下

你如何理解文化？

中华优秀传统文化是中华民族世代传承的智慧财富，更是人类文明的重要组成部分。深刻认识中华优秀传统文化的价值所在，有助于我们由内而外坚定文化自信。

中华文化浩如烟海、内容繁复、意蕴深厚。本课程将内容划分成三个学习模块，读者可在学习中了解文化产生过程、感受先贤智慧、体悟文化精髓，能自觉传承文化、主动发展文化，用文化思想指导个人更好地成长、生活。

导论和三个学习模块的划分具体如下图所示：

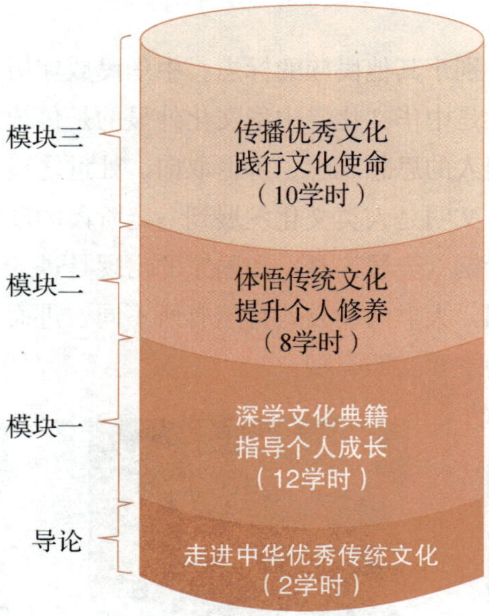

课程结构

【学习活动】对照各模块主题，填写你期待的学习内容。

模块一的主体内容是儒道文化思想，我希望可以理解____等内容；

模块二的主体内容是中华传统文化，我期待体验____等内容；

模块三的主体内容是文化践行，我憧憬实践____等内容。

学习目标

知识目标：

1. 正确理解中华优秀传统文化的含义；
2. 明确界定本课程的学习范畴；
3. 知晓本课程的学习意义。

能力目标：

1. 能描述本课程的学习目标、内容要求及考核评价方式；
2. 掌握本课程的学习方法；
3. 能结合课程学习要求及个人实际，制定一份个人课程学习计划表。

素养目标：

1. 乐于主动学习中华优秀传统文化；
2. 愿意用中华优秀传统文化指导个人成长；
3. 初步培养文化主体意识。

学习任务

任务一　认识中华优秀传统文化	认识文化 → 了解中华优秀传统文化	理解中华优秀传统文化的含义，界定本课程学习范畴
任务二　明确“中华优秀传统文化”课程的学习要求	理解“中华优秀传统文化”课程主体内容 → 掌握“中华优秀传统文化”课程学习方法	初步理解“中华优秀传统文化”课程的学习内容，明确适合自己的学习方式
任务三　明确“中华优秀传统文化”课程的学习目标和考评方式	领会“中华优秀传统文化”课程的学习目标 → 了解“中华优秀传统文化”课程的考评方式 → 思考“中华优秀传统文化”课程的学习意义	理解“中华优秀传统文化”课程的学习目标，建立学习兴趣，明确考评方式，思考学习意义

任务一 认识中华优秀传统文化

1. 认识文化

葛兆光先生在《古代中国文化讲义》中提出："文化是指一种由历史延续下来，被深深地植根于一个民族心中的，无论何时何地何种阶层都无须思索地信奉和认同，并且在他们的日常生活的各个方面都会始终表现出来的传统精神。"

也有学者认为，我们的祖先在进化的过程中，开始对宇宙万物产生好奇，在仰观俯察之间发现了自然规律，于是对其进行描述、把握，并逐渐对后代的道德思想进行管束，所以形成了文化。

文化有广义和狭义之分。广义的文化指的是人类在社会实践的过程中获得的物质、精神的生产能力和创造的物质、精神财富的总和。狭义的文化指精神生产能力和精神产品，包括一切社会意识形态：自然科学、技术科学、社会意识形态。

《现代汉语词典》对"文化"的解释是：人类在社会历史发展过程中所创造的物质财富和精神财富的总和，特指精神财富，如文学、艺术、教育、科学等。

可见，文化是自然的人化，是祖辈们经过世代积淀和不断传承而来的。它体现着各民族世世代代在生产生活过程中形成和传承的世界观、人生观、价值观、审美观等。

【学习活动】感受文化之用。随着文博热的兴起，博物馆在大学生群体中日益出圈，相信大家在不少的博物馆都见过与下图类似的图片。

这是一张来自我国云南省澄江化石地世界自然遗产博物馆的实拍图，图中展示了古猿到人的演化过程。仔细观察，展开想象，完成填空。

古猿到人的演化过程

我们的祖先从古猿到智人不断演化，为了更好地生存发展，他们在仰观俯察之间____________________，并将____________________以各种形式世代传承。所以，我们传承文化，是为了让我们＿＿＿＿＿＿＿＿＿＿＿＿＿＿＿＿。主要包括＿＿＿＿＿＿＿＿＿＿＿＿等方面的内容。

2. 了解中华优秀传统文化

中华优秀传统文化内容十分丰富，不同学科领域对此也有不同的理解和思考。当我们开始学习"中华优秀传统文化"这门课程时，不禁会想要学的文化究竟是什么。对此，不妨试着以拆词的方式，将中华优秀传统文化拆分为"中华""优秀""传统""文化"，从中华之域、优秀之义、传统之界以及文化之用来寻找答案。

（1）了解"中华"。

在《古代汉语词典》[①] 中，"中"指中间、当中，"华"有光彩、光辉之意。"中国"，指我国中原地区或在中原地区华夏族建立的政权。

《现代汉语词典》解释：古代称黄河流域一带为中华，是汉族最初兴起的地方，后来指中国。

关于"中"，有位居四方之中的含义。自古以来，先人们就认为自己和自己脚下所踩的这片土地位居四方之中，所谓"中华者，中国也。亲被王教，自属中国，衣冠威仪，习俗孝悌，居身礼仪，故谓之中华"（《唐律名例疏议释义》）。因而在神州大地上发生和积累的中华文化，自然而然地流露出文化优越之感。

后来，西方列强用坚船利炮轰开了中国的大门。新文化运动、五四运动的兴起让中华文化渐渐自我觉醒。随着"三个代表"重要思想明确提出中国共产党始终代表中国先进文化的前进方向，我们重拾文化，坚定自信，中国特色社会主义道路必将让中华文化更加自信、迈向自强。

综上，可以梳理出中华文化发展历程大致如下图所示：

中华文化发展历程

想一想：

如果将中华文化发展历程投射于个人成长、发展的过程，那么你走向自信、自强的人生阶段会是怎样的模样？

文化由人创造而来，在文化的发生发展中自然可见人的变化与成长。请尝试将自我成长经历投射于中华文化发展历程，并用文字说明你理解的中华文化发展历程。

＿＿

＿＿

① 商务印书馆辞书研究中心．古代汉语词典．2版．北京：商务印书馆，2014．余同。

（2）理解“优秀”。

在《古代汉语词典》中，“优”指多、充足，优良、优胜，“秀”指特出、优秀。在《现代汉语词典》中，“优秀”指（品行、学问、质量、成绩等）非常好。

纵观历史，许多优秀人物流芳百世，其典型事迹广为流传，还有很多代表古人伟大智慧的历史文物也被收入博物馆，供后世参观研究。

想一想：

我对“优秀”的理解是____

____。

（3）限定“传统”。

在《现代汉语词典》中，传统指世代相传、具有特点的社会因素，如文化、道德、思想、制度等。

中华传统文化一般指1840年之前在中华大地上发生、演化的文化，儒、释、道三家文化是其重要的组成部分，而其中又以儒家思想作为主流文化思想。相对于现代文化而言，它又被称为传统文化。现代指现在这个时代，在我国历史分期上多指五四运动到现在的时期。

想一想：

（1）以所学专业为例，小组讨论专业发展历程，说明传统与现代的关系。

____

____

____

（2）请在正确观点前的□中画“√”。

你认为中华文化是（□一成不变　□不断发展）的。

【学习活动】明确本课程的主要教学内容。

我认为，中华优秀传统文化是________________________，主要包括________________________。“中华优秀传统文化”课程主要学习________________________等方面的内容。

任务二　明确“中华优秀传统文化”课程的学习要求

1. 理解“中华优秀传统文化”课程主体内容

中华优秀传统文化内容繁多，意蕴丰厚。学习本课程主要帮助我们了解中华文化，建立文化思维，应用文化中蕴含的智慧，指导个人更好地成长、生活。因此，本课程教学安排为 16 次课，32 学时。本课程内容涵盖儒道文化思想、传统文学艺术、地方文化体验等，具体安排如下图所示。

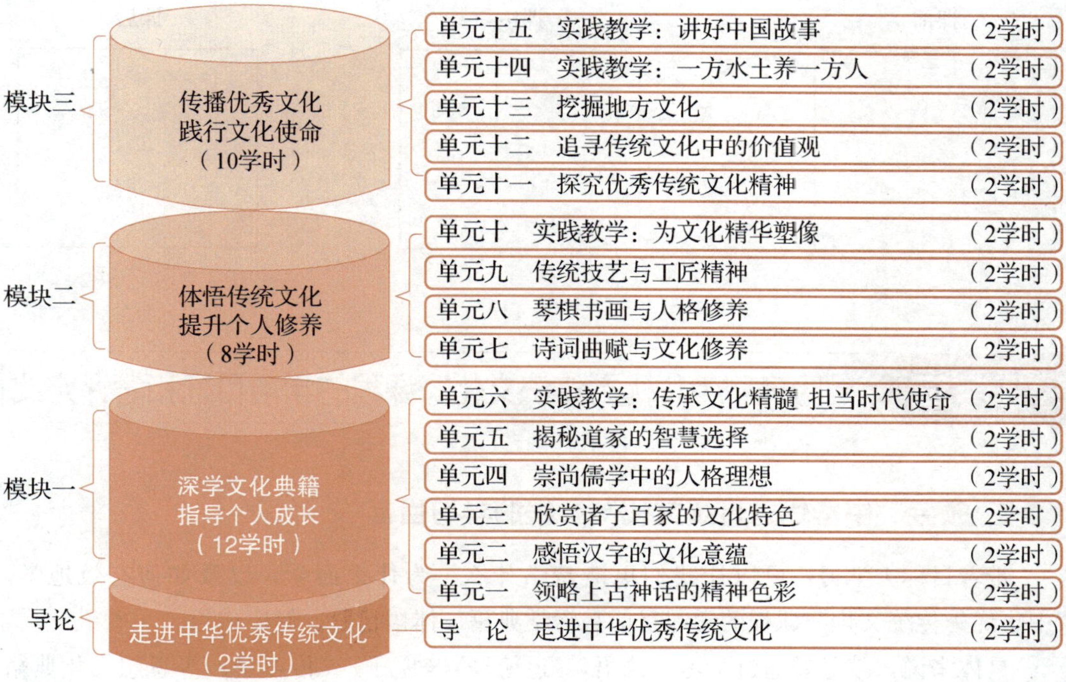

课程内容安排

【学习活动】对照各模块主题及单元名称，填写你期待的学习内容。

模块一的主体内容是儒道文化思想，我希望可以理解____________________等内容；

模块二的主体内容是中华传统文化，我期待体验____________________等内容；

模块三的主体内容是文化践行，我憧憬实践____________________等内容。

2. 掌握“中华优秀传统文化”课程学习方法

每个人的学习习惯不同，文化积累也有所差异。因此，在学习过程中希望大家能找到适合自己且能见成效的课程学习方法。

首先，我们需要了解“中华优秀传统文化”课程的学习主要采用线上线下相结合、任务驱动的方式进行。老师每堂课都会发布一个学习任务，同学们需要在课堂学习过程中以独立学习、小组协作等方式完成任务。任务完成，也就意味着已经达成目标。

其次，课前大家可以在线上做一些有关课堂内容的知识准备；课中能够积极发言、讨论分享，也可以和老师、同学共同讨论，思考后作答。

最后，课程作业需要大家充分发挥自己的思考力、想象力、创造力，师生共同努力将每次作业都打造成一份既有文化内涵，又能彰显个性、展现风采的优秀作品。

【学习活动】请结合个人实际，补充关键词以形成你的学习流程图。

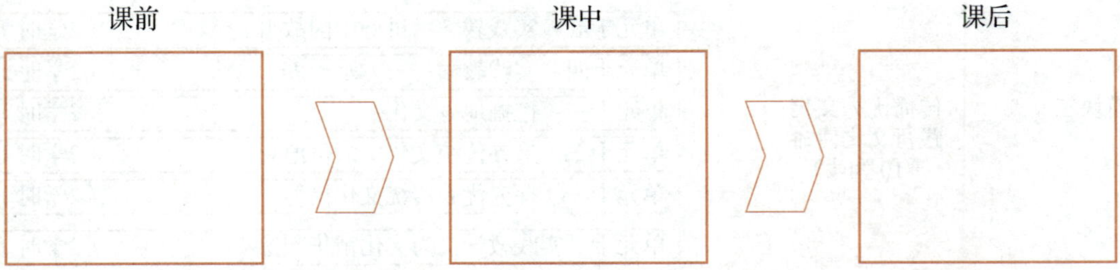

任务三 明确“中华优秀传统文化”课程的学习目标和考评方式

1. 领会“中华优秀传统文化”课程的学习目标

带着目标去学习，可以让我们更清楚学什么、为什么而学，以及如何有效地学。“中华优秀传统文化”课程的学习目标是深学典籍、体悟精髓、健康成长。

具体来说，就是要通过学习《论语》《道德经》《庄子》《传习录》等思想文化典籍中的儒道核心思想，深入理解中华优秀传统文化精髓，掌握中国古典审美理论基础，以强化文化理解，提高审美修养；学会运用中国智慧指导个人成长发展及道德人格的不断自我完善，促进人的全面发展。

【学习活动】阐述你对“中华优秀传统文化”课程学习目标的理解。通过本模块的任务一和任务二，相信你已经对“中华优秀传统文化”课程有了基础认识，也理解了该课程的学习要求。请结合以上内容，谈谈你对该课程学习目标的理解。

____

____

____

2. 了解“中华优秀传统文化”课程的考评方式

本课程总成绩为 100 分，其中过程性评价占比 70%，结果性评价占比 30%。过程性评价包括出勤 5%、课堂表现 15%、课堂成果 50%，结果性评价主要指期末作品。

【学习活动】预估自己期待的课程成绩。采用这样的课程考核评价方式，学生可以体验到自己的不断进步。请尝试预估自己的课程成绩（☐优秀 ☐良好 ☐及格 ☐不及格）。理由是______________________________

______________________________。

3. 思考“中华优秀传统文化”课程的学习意义

当我们在做一件事情或者从事一项工作时，思考明白为什么而做，就会自然而然激发动力，同时也会对此保有持久的兴趣，对于本课程的学习也不例外。

【学习活动】阐释本课程的学习意义。

(1) 阅读以下故事，回答问题：

一个哲学家，他每天都在思考人跟世界之间的关系。有一天，在他思考的时候，他的几岁的儿子不停地捣乱。他忽然看到手边的杂志的封底是一幅花花绿绿的世界地图，就顺手把这一页撕下来，撕成几片扔在地上，跟孩子说：“你现在把这张地图给拼上，能拼好就给你奖赏。”他给了孩子一卷胶条。心想，这回可以安静了。

不久，孩子拿着拼好的地图来了，说：“爸爸，我把它拼好了。”他很吃惊，居然拼对了。这孩子没有地理概念，于是他问孩子是怎么完成的。

孩子笑嘻嘻地把那个地图翻过来给他看，“爸爸，我发现这面是一个人的头像，我是按照这个人的头像拼的。我想这个人如果是正确的，那么那个世界大概也就正确了。”哲学家恍然大悟：一个人正确了，他的世界大概也就正确了。

问题：简述你对“一个人正确了，他的世界大概也就正确了”的理解。

____

____

____

____

____

(2) 选择你认为正确的观点，思考并阐述不同的人为什么会有不同的答案，而不同的选择可能会给我们带来怎样的影响。

教学楼二、三楼的厕所门都是同一品牌、统一安装。三楼的门维修频率很高，二楼的门一直正常使用，请选出你认为三楼厕所门经常损坏的原因。(　　)

A. 三楼的人素质太低　　B. 门坏很正常

C. 门有问题　　D. 我有其他观点，举手说明

你选择的理由是________________________

________________________________。

不同的人之所以有不同的答案，是因为________________

________________________________。

而不同的选择又会带来________________________

____________________________等不同的影响。

走进中华优秀传统文化

【学习成果】请你填写一份“中华优秀传统文化”课程学习计划表（见表0-1）。

表0-1 “中华优秀传统文化”课程学习计划表

课次	学习主题	作业要求	学习书单	困惑与思考
第一次课				
第二次课				
第三次课				
第四次课				
第五次课				
第六次课				
第七次课				
第八次课				
第九次课				
第十次课				
第十一次课				
第十二次课				
第十三次课				
第十四次课				
第十五次课				
第十六次课				

随手记

模块一

深学文化典籍　指导个人成长

每每问及中华优秀传统文化有什么，多数人的回答是古代文学艺术。虽脱口而出，但又感觉很难如数列举；再想补充，竟不知从何说起……

中华文化最早是如何产生的？

《楚辞》里的神灵又从何而来？

文化依靠什么得以世代传承？

百家争鸣到底争什么？

为什么中华文化形成了儒道互补的文化格局？

儒家思想和道家思想带给我们什么影响？

在包罗万象的中华文化中，随处可见“经”学的影响。

互动一下

“经”在传统文化中指什么？

在普遍的认知中，通常会用童趣、想象等词语来描述神话，仿佛神话只与童年相关。现在，我们初学中华优秀传统文化，也从神话开始。

上古时期的神话与将要学习的传统文化之间有什么关系呢？我们重读神话，又能读出和儿时哪些不同的感受呢？

带着对童年的回忆，以及对神话的期待，我们一起再读上古神话，感知远古人类的伟大智慧，领略神话中的民族精神。

盘古开天

羿射九日

女娲补天

互动一下

在神话人物中，你最喜欢哪个创世大神？请参考上图，用彩笔绘制你心中的神话英雄。

单元一　领略上古神话的精神色彩

导读

神话，不仅展示了远古人类天马行空的神奇想象，还反映出他们认识世界的方式，当中也体现出我们中国人最早的宇宙观和世界观。感知上古神话中内蕴的民族智慧，领略民族精神，以此树立对祖先及其所创造的文化的敬仰。

设想一下

如果你穿越回远古时代，你会如何向身边人解释天、地、人是从何而来的？

学习目标

知识目标：

1. 了解创世神话的代表作；
2. 理解神话中的创世大神形象；
3. 理解“言-象-意”文化思维方式。

能力目标：

1. 能分析古人塑造的大神形象内涵；
2. 能运用“言-象-意”文化思维方式分析文化现象；
3. 能发现神话中蕴含的优良民族品格。

素养目标：

1. 体悟祖先智慧，敬仰古代先民；
2. 复现自身已有的优良品格，传承优秀文化；
3. 强化文化主体意识，坚定文化自信。

学习任务

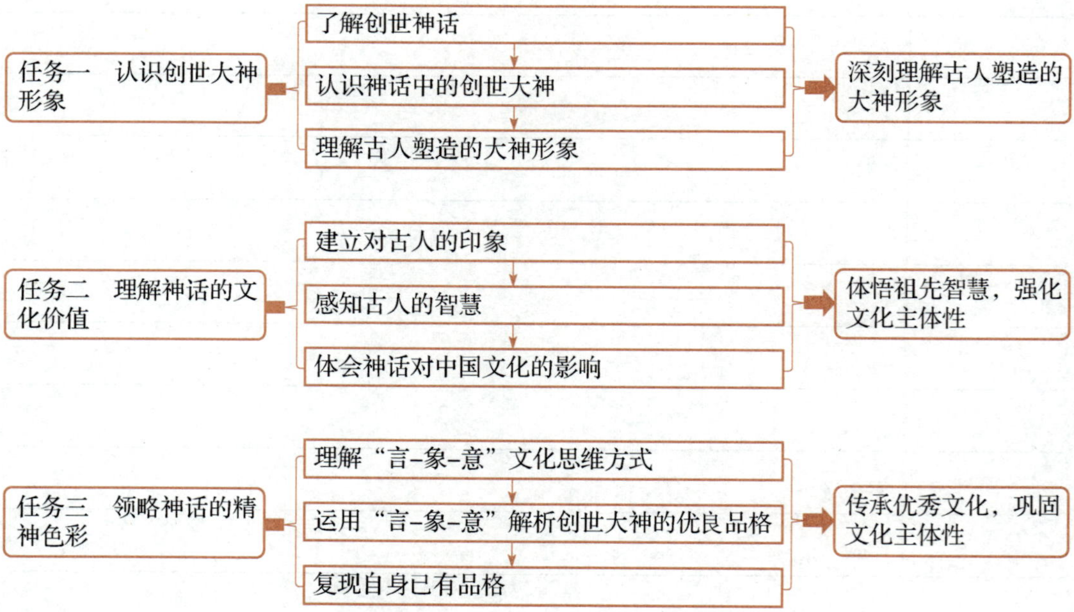

任务一 认识创世大神形象

1. 了解创世神话

“神话”一词在《现代汉语词典》中指：关于神仙或神化的古代英雄的故事，是古代人民对自然现象和社会生活的一种天真的解释和美丽的向往。

有学者提出，神话主要讲的是人类与自然复杂关系的幻想性故事。

也有学者认为，神话其实是远古人类综合意识形态的集中反映，是他们用自己的知识体系认识和理解世界的一种方式。

综上，“神话”应当能反映远古人类的综合意识形态，体现远古人类对世界的认识和理解，展示远古人类的知识体系，表达古人的美好愿望。

看起来，神话早已离我们远去，但我们又在生活中时常看到或者听到各种神话元素。你熟悉下图所示的神话元素吗？

金乌

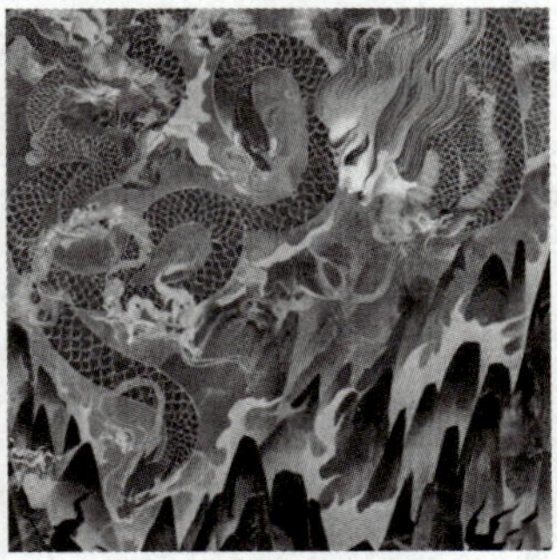
烛龙

朱雀

“创”有开始、初次之意。“世”指社会、人间，有自然界和人类社会的一切事物的总和之意。“创”与“世”的结合便是开天辟地、人类初始。

创世神话讲的是远古时期的原始人类开天辟地的神话故事，它反映了原始人类用自己的知识体系解释对宇宙、自然和人类由来的认识和理解，它是原始人类的综合意识形态，具有重要的历史价值和文学价值。

除了创世神话，神话还包括自然神话、英雄神话等，比如三足乌载日、嫦娥奔月等属于自然神话，夸父逐日、精卫填海就属于英雄神话。

【学习活动】分辨创世神话。以下属于创世神话的是（　　）。

A. 女娲造人　　B. 三打白骨精

C. 日神驾车　　D. 日中有乌

三足乌载日

嫦娥奔月

夸父逐日

精卫填海

2. 认识神话中的创世大神

在传统文化中，“大”属于一个包含有道德内容的审美范畴。《论语》中对于“大”有这样一段记载：

> 子曰：“大哉！尧之为君也！巍巍乎！唯天为大，唯尧则之。荡荡乎！民无能名焉。巍巍乎！其有成功也！焕乎！其有文章！”

孔子说：“尧真是伟大呀！真高大得很呀！只有天最高最大，只有尧能够效法天。广阔浩大呀！老百姓简直不知道怎样称赞他。他的功绩实在是太崇高了，他的礼仪制度也真够美好了！”

孔子在这段话中讲的“大”，其实就是对尧的赞扬。“巍巍乎”，讲的是尧效法天的崇高；“荡荡乎”，讲的是尧很广大，百姓不知道用什么语言来形容他；后面说他的功绩伟大、典章制度很有光辉。可见，“大”的对象应该是崇高、广大、光辉。这样的“大”会让人油然而生出敬畏之情、神秘之感。

大师之“大”，也是如此。我国的大师涵盖了文学、艺术、哲学等多个学科领域，他们的成就和贡献对我国乃至世界文化的发展都产生了极为深远的影响。你能说出哪些大师呢？

【学习活动】罗列神话中的创世大神。

__________开天辟地；__________造人；__________逐日。

互动一下

你还知道哪些创世大神？

3. 理解古人塑造的大神形象

神话最早是口口相传的文学，古人为何要塑造这些创世大神并世代相传呢？

还记得“导读”中的那个问题吗？如果你穿越回远古时代，你会如何向身边人解释天、地、人是从何而来的？

显然，即使是智慧的古人，也曾面临同样的困惑。于是，他们用神话描述对世界的认识和理解。

《中华民族神话与传说（上卷）》[①] 中对“天地混沌”做了这样的描述：“一团大得几乎无边无际的，似气非气，似尘土非尘土的东西，飞旋着，翻滚着，撞击着，里面乌黑乌黑，外边好像射着光，透着光，又吸着光，发出轰隆轰隆的巨响，似乎在不断地爆炸，就这样无休无止地“沉睡”着，又跃动着……”

盘古开天辟地

吴国人徐整的《三五历纪》如此描述盘古开天地的故事：“天地浑沌如鸡子，盘古生其中。万八千岁，天地开辟，阳清为天，阴浊为地。盘古在其中，一日九变，神于天，圣于地。天日高一丈，地日厚一丈，盘古日长一丈。如此万八千岁。天数极高，地数极深，盘古极长。后乃有三皇。”

盘古垂死化身

在徐整的《五运历年纪》中，对盘古之死是这样记载的：“分布元气，乃孕中和，是为人也。首生盘古，垂死化身，气成风云，声为雷霆，左眼为日，右眼为月，四肢五体为四极五岳，血液为江河，筋脉为地里，肌肉为田土，发髭为星辰，皮毛为草木，齿骨为金石，精髓为珠玉，汗流为雨泽，身之诸虫因风所感，化为黎甿。”

---

① 萧兵．中华民族神话与传说：上卷．南京：译林出版社，2020．

【学习活动】搜索并观看“盘古开天地”视频，分析盘古开天辟地展现的人物形象，以关键词、句填入表1-1。

表1-1 盘古形象分析表

阶段分析	具体行为	大神形象	备注
开天辟地			
垂死化身			

试一试

你可以自主选择一个喜欢的创世大神，并对其形象进行分析。

____

____

____

____

任务二 理解神话的文化价值

1. 建立对古人的印象

鲁迅先生在《中国小说史略》“第二篇　神话与传说”对中国神话的产生、记载及流传甚少的原因进行阐述，并摘录了如《山海经》《穆天子传》等古籍中的经典片段用以案例列举。神话展现的宇宙观、世界观不仅有助于我们了解远古人类如何认识和看待这个世界，其内在的思维方式更是中华文化的一种体现。

当远古人类对未知的事物充满好奇时，他们以神话的方式来描述他们对世界的认识和理解。比如最早的天、地、自然万物，包括我们人类是怎么来的，在神话故事中都有所解释，还体现出古人感性的思维方式和非逻辑的美感。

【学习活动】建立对古人的印象。

（1）连线盘古神话与古人认知。

天地浑沌如鸡子	古人的对世界的认识
首生盘古，垂死化身，	古人的宇宙观
气成风云，声为雷霆，	
左眼为日，右眼为月，	
四肢五体为四极五岳，	
血液为江河，筋脉为地里，	
肌肉为田土，发髭为星辰，	古人的知识体系
皮毛为草木，齿骨为金石，	
精髓为珠玉，汗流为雨泽，	
身之诸虫因风所感，化为黎甿	

（2）以关键词概述对古人的印象。

通过“盘古开天地”这一神话，你对创作这一神话的古人的印象是________________

____

____

____

2. 感知古人的智慧

在《五运历年纪》中，对于自然万物的形成，古人是这样解释的：

“分布元气，乃孕中和，是为人也。首生盘古，垂死化身，气成风云，声为雷霆，左眼为日，右眼为月，四肢五体为四极五岳，血液为江河，筋脉为地里，肌肉为田土，发髭为星辰，皮毛为草木，齿骨为金石，精髓为珠玉，汗流为雨泽，身之诸虫因风所感，化为黎甿。”

这段话大意讲的是盘古口中呼出的气变成了风和云，发出的声音变成了轰隆的雷霆，左眼变成了光芒万丈的太阳，右眼变成了皎洁的月亮，四肢五体变成了四极五岳，流淌的血液变成了奔腾的江河，筋脉变成了纵横交错的大道，肌肉变成了万顷良田……就连流出的汗水也变成了滋润万物的雨露甘霖。盘古身上的虫子感受到迎面吹来的风，变成了黎民百姓。

【学习活动】理解古人对天人关系的解读，感知古人的伟大智慧。

（1）选词填空。

试想一下，在古人讲述的“盘古垂死化身”这一神话故事中，他们认为，人与自然的关系是（　　）。

A. 人与自然共生

B. 人寄生于自然

C. 人凌驾于自然

D. 其他，请自行补充________________。

(2) 通过古人对天人关系的理解，请你谈谈其中展现出的古人智慧。

3. 体会神话对中国文化的影响

从上古时期到现在，在人与自然的关系上，古人早就以各种方式给出了答案。兜兜转转，从惧怕到抗争，到驾驭，到肆意。蓦然回首，发现人与自然本是一体。

> 人与自然是生命共同体，人类必须尊重自然、顺应自然、保护自然。人类只有遵循自然规律才能有效防止在开发利用自然上走弯路，人类对大自然的伤害最终会伤及人类自身，这是无法抗拒的规律。
>
> ——十九大报告

理解天人合一

不仅如此，在上古神话中构建出的宇宙观、世界观为中国后世文学作品提供了丰富的文学素材，也产生了深远影响。比如《红楼梦》第一回就写道：“原来女娲氏炼石补天之时，于大荒山无稽崖炼成高经十二丈、方经二十四丈顽石三万六千五百零一块。娲皇氏只用了三万六千五百块，只单单剩了一块未用，便弃在此山青埂峰下。谁知此石自经煅炼之后，灵性已通，因见众石俱得补天，独自己无材不堪入选，遂自怨自叹，日夜悲号惭愧。”

【学习活动】回忆你学过的文学作品，列举 2～3 个引用神话素材的案例。

创意发挥

可以根据上述神话素材，在网上选择几张你喜欢的对应图片，贴在此处，进行加工创作，表达你心中的神话。

任务三 领略神话的精神色彩

1. 理解“言-象-意”文化思维方式

言、象、意这三个字均出自中国传统文化典籍，是独属于中国文化的理论表达，是中国哲学、文学与美学的交融之果。言、象、意的表达最早起源于《易经》中的卦象系统，后王弼在《周易略例·明象》中说：“夫象者，出意者也。言者，明象者也。尽意莫若象，尽象莫若言。言生于象，故可以寻言以观象；象生于意，故可以寻象以观意。意以象尽，象以言著。故言者，所以明象，得象而忘言，象者，所以存意，得意而忘象。”

将这段文字加以理解，便可梳理出如下关系：言，用来说明象；通过象，又可观出意。言、象、意三者之间既相互关联，又层层递进。由此，提出“言-象-意”这一文化思维方式。比如苏轼对王维的作品有一句非常经典的评价：诗中有画，画中有诗。这里面就有“言-象-意”理论的应用与体现。

看王维的诗：“大漠孤烟直，长河落日圆”，这是言；由诗而来的画面感直入脑海，大漠、孤烟、落日都是象，随着大漠、孤烟和落日的画面所感受到的凄凉，则是意。

大漠与落日

我们在观察文化现象时，可选择采用“言-象-意”的思维方式对其进行文化解读及内涵挖掘，相信这会是一种既有趣又有创意的思考，帮助大家丰富各自的精神世界。

【学习活动】想一想，还有哪些诗词也体现了“言-象-意”的运用？

2. 运用“言-象-意”解析创世大神的优良品格

在阅读神话故事时，运用“言-象-意”或许能帮助我们体会到古人塑造创世大神的深刻用意。

言，用以帮助我们明象。那不妨把神话中对于创世大神的开天辟地的行为看作是“言”，比如盘古轮斧开辟天地。

象，则存意，跟寻言就可以观到象。那就可以从盘古轮斧开辟天地的行为观出盘古大神的形象，比如勇敢、高大的形象。

意，所谓尽意莫若象，得意而忘象。当从象中揣摩、解析出背后之意时，象也不再是单一所指，而是一种不再具象表达、高度凝练的精神品格，比如勇敢、高大的盘古大神形象之意是勇于开创的精神品格等。

【学习活动】中国神话虽零散但不失丰富，《山海经》《穆天子传》《庄子》《列子》《淮南子》等古籍中塑造了丰富的神话人物。了解古人精心塑造的这些神话人物形象，可以帮助我们更好地理解中华民族一脉传承的民族品格。自由阅读神话故事，选择你喜欢的创世大神，尝试运用“言-象-意”解析其精神品格，并填入表1-2。

表1-2 创世大神形象、品格分析表

人物	行为	形象	品格

3. 复现自身已有品格

在中华民族漫长的历史岁月中，形成了世代传承的文化，优秀的传统文化不仅滋养了我们的心灵，更让我们继承了优良的民族品格。这些优良品格在不同阶段、以各种方式体现于我们的行为之中。

【学习活动】请对照表 1-2，回忆自己的日常生活，哪些瞬间展现了你与生俱来的优良品格？请分享你的故事，记得描述具体行为。

【思维与拓展】阅读下文，理解“鸿蒙”在中国神话中的文化含义，认识中国神话文化的社会价值。

下图是中国华为公司自主研发、取名为“鸿蒙”的操作系统 Logo。

华为鸿蒙系统 Logo

“鸿蒙”，在《古代汉语词典》中解释为宇宙形成以前的混沌状态，也指宇宙间的元气。《庄子·在宥》：“云将东游，过扶摇之枝而适遭鸿蒙。”柳宗元《愚溪诗序》：“以愚辞歌愚溪，则茫然而不违，昏然而同归，超鸿蒙，混希夷，寂寥而莫我知也。”

在远古时期，传说在盘古开天辟地之前，世间是混沌状，因此把那个时代称为鸿蒙时代，后来该词也常被用来泛指远古时代。我国民族企业的代表华为公司把自己开发的操作系统命名为“鸿蒙”就有其深刻的文化内涵。从盘古开天地的神话来看，鸿蒙中孕育着英雄，潜藏着开辟的新愿景。华为给自己研发的操作系统起名鸿蒙，意思是从零开始做起，并且有信心和耐心去开天辟地，在操作系统这一重要领域实现自主可控，传达了整个团队对于开辟新路、突破封锁的宏远志向。

公司或产品的标志，是企业文化的集中展现，你认为：企业或产品选择这样带有文化内涵的 Logo 的目的或导向是____

【学习成果】围绕主题：在祖先群像中复现自己所传承的民族品格，绘制思维导图。具体要求详见“任务单”（见表1-3），评价依据详见“评价量表”（见表1-4）。

表1-3 任务单

任务目标	描绘祖先群像，传承优良民族品格
任务内容	在祖先群像中复现自己所传承的民族品格
任务要求	1. 人物选择：以3～5位创世大神形成祖先群像，其中需包含盘古，以及1～2位在课堂教学和教材内容中均未提及的大神 2. 语言表达：使用有褒义性的关键词提炼民族品格 3. 整体呈现：思路清晰、逻辑正确，能展示个人审美 4. 自信展示：对照勾选自己已有的优良品格 5. 作品命名：专业＋班级＋姓名＋单元编号＋作品名称
成果形式	思维导图
完成时间	

表1-4 评价量表

评价要素	优秀 (90%～100%)	良好 (80%～89%)	中等 (70%～79%)	合格 (60%～69%)	不及格 (低于60%)
符合性 (40分)	符合任务单中的5项要求	有1项不满足	有2项不满足	有3项不满足	有4项及以上不满足
合理性 (50分)	1. 神话人物均出自中国神话 2. 思维导图正确体现“言-象-意”思维方式 3. 规范表述优良民族品格 4. 客观认识自己的优点 5. 作品整体能展示个人审美喜好	有1项不完全满足	有2项不完全满足	有3项不完全满足	有4项及以上不完全满足
态度 (10分)	1. 在规定时间内提交 2. 独立完成				
评价结论					
分要素评价	符合性：	合理性：		态度：	
评价汇总					

随手记

你知道汉字最初的模样吗？
你知道汉字是如何创造的吗？
汉字为什么又被称为方块字呢？
汉字作为全世界唯一没有被中断的表意性文字，隐藏着多少奥秘呢？
古老而又富有活力的汉字，究竟美在何处？
带着这些疑问，
我们一起感悟汉字里的文化意蕴……

互动一下

你认为汉字拥有强劲生命力的奥秘是什么？

单元二　感悟汉字的文化意蕴

导读

提到汉字的起源，相信大家都听过结绳记事、仓颉造字等故事，从真正意义上来说，这些都只能算作汉字形成之前的产物，并不是汉字演变的开始。汉字作为中华文化传承的载体，无论是其自身演变过程，还是其形体结构所展现出的智慧与美感，都值得我们回首凝视。

结绳记事

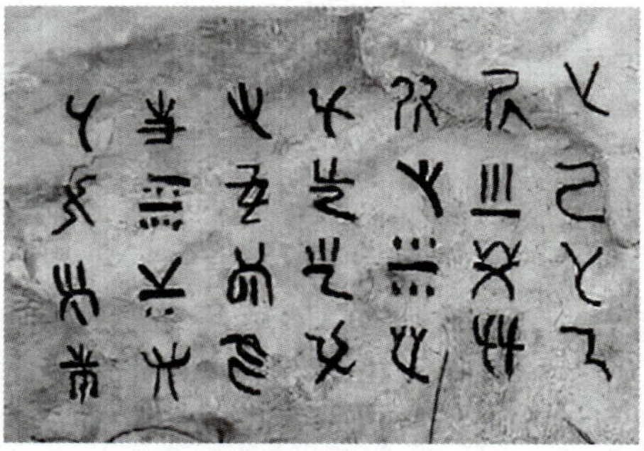

仓颉造字

在探秘汉字三千多年来一直保有强劲生命力的同时，我们要体会汉字所承载的民族智慧，感悟汉字内在的文化意蕴，以此更加敬仰中华文化，增强文化自信的底气，展现昂扬向上的风貌。

想一想：

有人说："文明在大河边吟唱，文字刻下了永恒……"

你知道世界上最古老的三种文字吗？

你知道它们都源起于什么流域吗？

学习目标

知识目标：

1. 正确认识汉字起源；
2. 深刻理解汉字的演变过程；
3. 举例说明汉字内蕴的文化之美。

能力目标：

1. 能简要阐释汉字演变过程；
2. 能归因影响汉字不断演变发展的因素；
3. 能分析汉字的演变规律。

素养目标：

1. 欣赏汉字内蕴的文化之美与民族智慧；
2. 感悟汉字演变带来的智慧启迪；
3. 强化民族自豪感，提升文化自信心。

学习任务

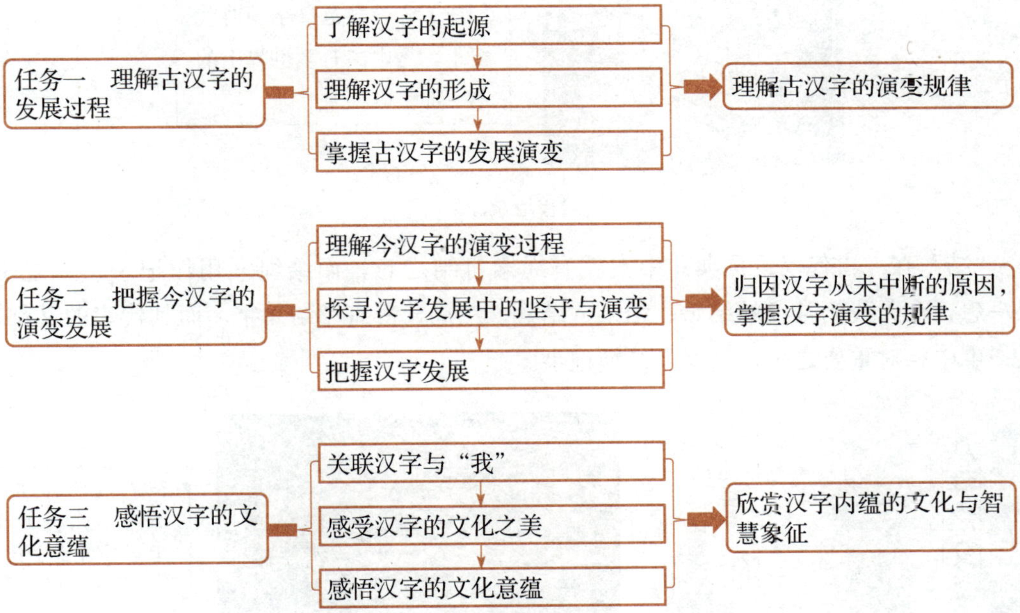

任务一 理解古汉字的发展过程

1. 了解汉字的起源

还记得本单元“导读”页的问题吗？你知道世界上最古老的三种文字吗？古埃及的圣书字、古美索不达米亚的楔形文字和中国的汉字，是世界上最早出现的三种文字。

最早的汉字是如何出现的呢？

关于汉字的起源，在“导读”里我们就提过结绳记事和仓颉造字。

结绳是一种原始的记事方法。李鼎祚《周易集解》引《九家易》：“古者无文字，其有约誓之事，事大，大其绳，事小，小其绳，结之多少，随物众寡；各执以相考，亦足以相治也。”

东汉许慎在《说文解字·叙》中也提到“结绳为治而统其事”。讲的都是在文字没有出现之前，用绳子打结的方式来记录，记录相对重要的事情打一个大结，记录相对不那么重要的事情就打一个小结。

《说文解字》首创汉字部首，顺应了统一规范汉字的时代要求，是中国乃至世界上的第一部字典。

《说文解字》

“结”在《古代汉语词典》中本就有绳索打结之意，而结绳又用作记录重要之事。想一想，今天我们常说的结婚、结果、结拜、结局，都有“结”字，而其代表的又都是人一生中相对重要之事，这就是结绳记事。

古代结拜场景

古代结婚场景

留心观察，细心体验，你会发现生活处处皆文化

显然，结绳记事不是最早的汉字。那仓颉所造是最早的汉字吗？仓颉是谁？

仓颉头像

仓颉，是轩辕黄帝的史官，相传有四目。随着黄帝部落事务与日俱增，结绳记事显然不能满足记录的需求，于是仓颉“观鸟迹虫文始制文字以代结绳之政”。

关于仓颉造字的传说就更有意思了：黄帝部落日益发展，需要记录的事情太多，要打的结就很多。每过一段时间再回头看，也就想不起来打结记录的到底是什么事情了。仓颉十分苦恼，日思夜想不知如何是好。有一天，仓颉又坐在窗边思考，突然看见一只鸟从远处飞落到地面，踱步朝前，身后留下了一串爪印。仓颉顺着鸟飞来的方向朝远处走去，看到野兽在地上留下了足迹。仓颉一想，鸟、兽不同，所以留下的脚印也各不相同，自然界的万事万物都自有其特征。于是，仓颉开始留意观察山、河、日、月，以及身边所用的器具、物件等，按其形状特征，画出图形，用作记录。

仓颉造字

【学习活动】正确理解汉字的起源。请根据你对汉字起源的理解，判断下列说法正确与否，正确画√、错误画×，并简要阐述理由。

从严格意义上来说，无论是结绳记事，还是仓颉造字，都不算是汉字。所以，结绳记事和仓颉造字对汉字的形成毫无意义。

判断：________

说明理由：____________________________________

____

互动一下

请随手写一个你此刻想到的字，并用图画的形式画出来。

2. 理解汉字的形成

从考古资料来看，现在能够看到的最古老的成批的汉字资料，是距今三千多年前商代后期的甲骨卜辞和器物铭文上的文字。从原始社会到商代，汉字的形成经历了一个漫长的历史过程。

发现殷墟文字现场

甲骨文，又叫殷墟文字。古代殷王遇到重要的事情，都会以占卜的方式请求鬼神指示。他们通常在龟甲或兽骨上钻凿出许多指甲大小的凹槽，再以火烧的方式，使得凹槽裂开成纹路。巫师将不同的纹路解释成“吉兆”或“凶兆”，据此决定国家大事如何处理，而占卜和办理的结果就用文字刻在龟甲或兽骨上，称为“卜辞”，也就是我们现在说的甲骨文。

从上古起始，因为有记录的需求，我们的祖先不断思考、尝试、发明、更替，汉字在漫长岁月中缓慢而渐进地变化，直至殷商时期，终于形成了甲骨文。而甲骨文也成为中国最早的文字。可见，汉字的形成是一个缓慢而渐进的过程。

如果你也想看甲骨文，可以去安阳市殷墟博物馆或者登录官方网站。

安阳市殷墟博物馆

【学习活动】判断下列说法正确与否。

甲骨文是中国最早的汉字。（　　）

想一想：

欧洲曾经耗费数百年来破解楔形文字，有着“中国甲骨文之父”之称的王懿荣和他的朋友，一共两个人，只用了几天时间就破解了甲骨文。你知道为什么吗？

---

3. 掌握古汉字的发展演变

字体的演变一般缓慢且渐进，汉字的字体演变，主要经历了甲骨文→金文→小篆→隶书→楷书→草书→行书等发展阶段。以马的字体演变为例：

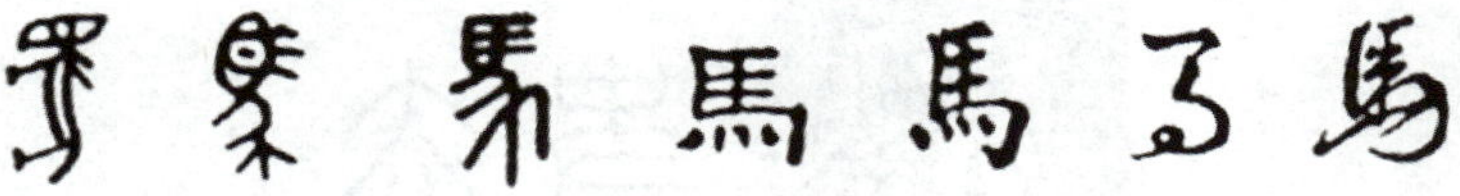

“马”的字体演变

其中，隶书是由古汉字演变为今汉字的一种过渡字体。隶书之前的甲骨文、金文、小篆等就是古汉字，更多体现的是绘画性。

甲骨文：主要是殷商王室刻于龟甲或兽骨上用于记录占卜的文字。甲骨文的特点是字大小不一，线条纤细，直笔居多，棱角鲜明，字形瘦削挺拔。

龟甲兽骨

书写工具

金文：又称钟鼎文，是指铸在青铜器上的文字。铸在青铜器上的文辞称为铭文，文字称为金文。金文的特点是有肥笔，点画圆浑，体势雍容。

金文

小篆：是春秋战国时期的秦国文字，字形大体保持了西周的写法。由于秦朝实行书同文、车同轨的政策，经过整理后的秦国文字就是小篆。小篆是汉字第一次规范化的字体，规范后每个字的书写笔数也基本固定，偏旁统一，基本上做到了定型化。汉字到了小篆阶段，文字的符号性和规范性都得到了很大的提高。其线条带弧形，圆转而匀称的线条使字形略带椭圆，极其整齐。

小篆

【学习活动】归纳古汉字的演变规律。梳理影响古汉字演变的客观因素，填入表 2－1；观察古汉字“车”的演变过程，结合表 2－1 分析并阐释古汉字演变规律。

表 2－1　古汉字演变影响因素分析

字体	朝代	书写工具	书写载体	使用需求
甲骨文				
金文				
小篆				

“车”的演变过程

我认为，古汉字的演变是从________到________的过程。因为________________

____

____

____

____

设想一下

如果现在仍沿用古汉字，会有哪些不便呢？

____

____

____

任务二 把握今汉字的演变发展

1. 理解今汉字的演变过程

隶书以及之后演变发展出的楷书、草书、行书等都被称为今汉字，较古汉字的绘画性而言，今汉字则显示出它的现代性。

隶书：又名佐书、史书、八分，是从篆书演变来的，在汉代成为正式字体，被称为汉隶。隶书的特点是笔画趋于平直，后又添了波势和挑法，字形也渐渐成了扁方形。

楷书：又叫真书，是现代通行的字体。萌芽于西汉，成熟于东汉末年，魏晋以后开始流行。直至现在，楷书仍然是汉字的标准字体。楷书的出现，意味着汉字成为方块字就此定型。

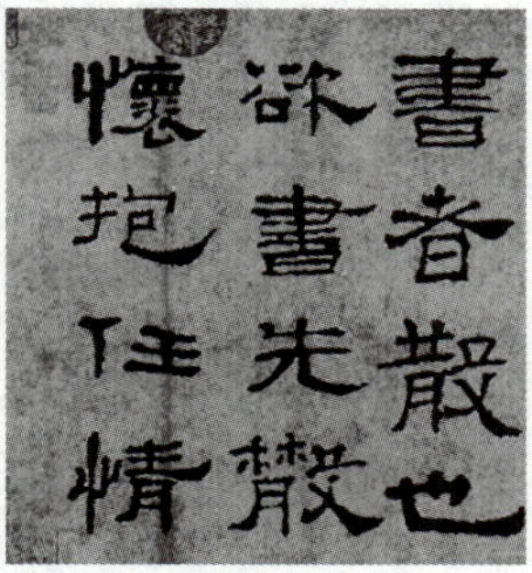

隶书

楷书

草书：广义地说，自从有了汉字以来，各种字体都有草率的写法，因而称为草书。到了汉代，它发展成一种具有特色的字体，所以草书是一种字体的专称，共有章草、今草、狂草三种。

行书：大约产生于东汉末年今草和楷书盛行之时，是介于今草和楷书之间的一种字体，是楷书的草化或草书的楷化。行书有两个特点：第一，近于楷书而不拘谨，近于今草而不放纵；第二，笔画连绵而各字独立，清晰易认，书写效率较高。行书成为楷书的主要辅助字体。

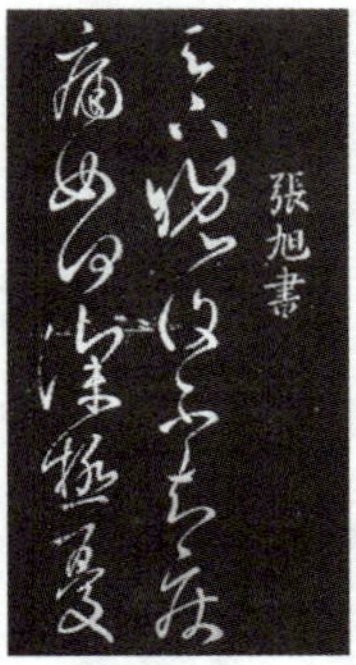

草书

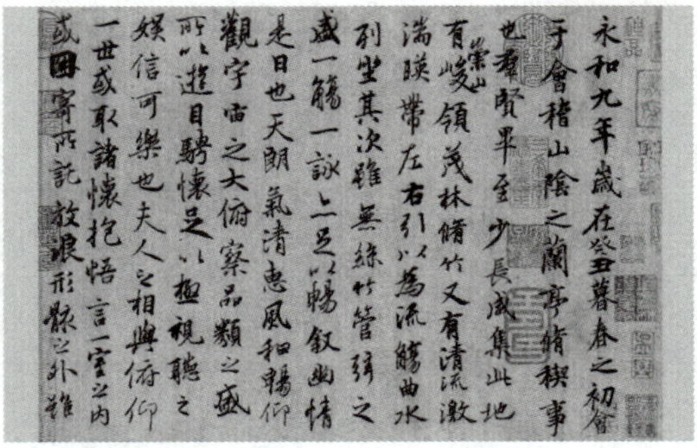

行书

【学习活动】分析影响今汉字演变的因素，填入表 2-2。

表 2-2　今汉字演变影响因素分析

字体	朝代	书写工具	书写载体	使用需求
隶书				
楷书				
草书				
行书				

你发现了吗?

在汉字演变的过程中，即便是一个时代已经有了正在通行的法定字体，但在日常使用汉字的过程中，为了书写快捷简便，也会孕育出新的字体。尤其在今汉字的演变中不难发现，写字者对汉字的简易、美观等要求成为推动字体演变的主观因素。

2. 探寻汉字发展中的坚守与演变

仔细观察下面这张汉字演变过程图，不难发现，从甲骨文到金文，再到小篆，古汉字的演变是从繁到简的过程。

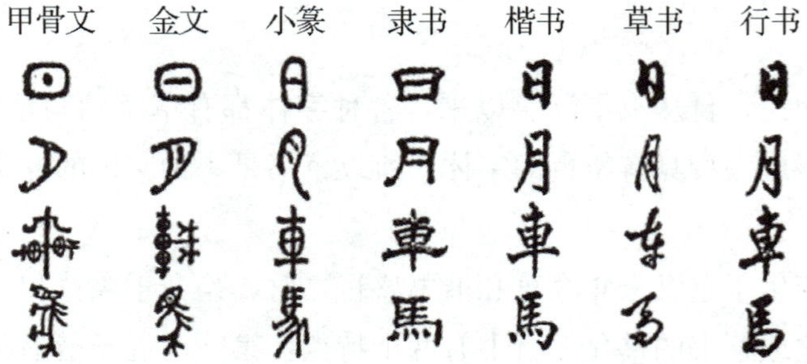

汉字演变过程

然而，从隶书到行书的演变过程可以看到，汉字并没有一直遵循从繁到简的规律过度简化，而是保持一种简繁适度的状态。无论是从繁到简，还是简繁适度，其作为记录的功能却从未丧失。

【学习活动】掌握汉字演变的规律。理解汉字演变过程中的坚守与改变，在括号中用“√”勾选出正确答案。

从甲骨文到小篆，汉字不断改变自己的（字体，字形），始终不曾改变的是（记录，绘画）的功能。

从隶书到行书，汉字不断改变自己的（字体，字形），依然不曾改变的是（记录，绘画）的功能。

设想一下

如果汉字在演变之路上，因为不断简化而逐渐丧失“记录”这一功能，结果会怎样？

3. 把握汉字发展

汉字从甲骨文开始了它的演变之路，为了满足社会发展需要，汉字不断简化其字体；为了满足使用者提高书写效率的实际需求，汉字又改变其字形。而汉字在它演变之路上却从不曾忘记自己是用来记录的这一核心功能以及其是表意性文字的特点。汉字以内外兼修之势不断调适自我，以适应时代发展之需。现在，汉字更是作为传统艺术的代表，不断演绎着东方审美，向全世界展现着独属于它的顶级艺术风采。

请同学们欣赏颜真卿作品、柳公权作品。

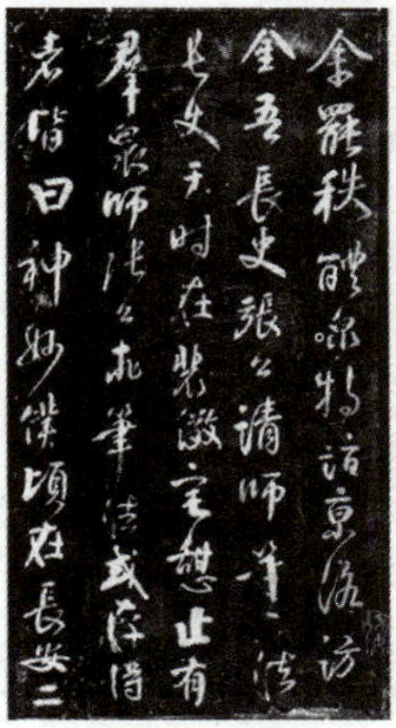

颜真卿作品

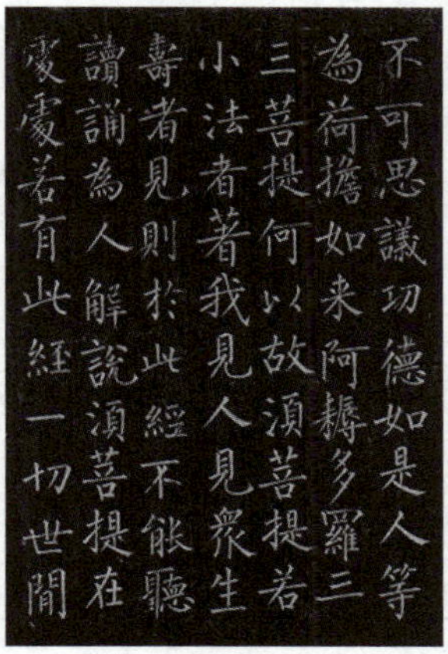

柳公权作品

【学习活动】分析汉字的演变发展。请将汉字拟人化，用第一人称“我”自述汉字从形成到发展成为书法艺术的心路历程。

汉字演变过程

想一想：

为什么书法兴盛的鼎盛时期在隋唐和魏晋南北朝？

任务三 感悟汉字的文化意蕴

1. 关联汉字与“我”

你听过审美观照吗？

其实我们每一个人有意识或无意识都会从事审美活动。而审美观照就是审美实践活动最基本的方式之一。审美观照并不只是指感性的观察、观看，它更多的是审美主体在进入特定审美情境之后，以无功利的态度与审美对象发生联系的一种方式。

还记得在单元一学到的“言-象-意”吗？这其实就是建立在审美观照的基础之上。如果让你用“言-象-意”来分析汉字的演变发展之路，并投射于自我成长，你又会有哪些感悟呢？

【学习活动】以汉字发展观照个人成长。如果我们把汉字发展过程看作人的成长过程，试阐述经过自我不断调适后，“他”会成长为一个怎样的人。

互动一下

你会无意识地进行审美活动吗？

2. 感受汉字的文化之美

感受汉字之美，可以从汉字的结构及汉字演变的智慧启迪着手。

汉字的结构包括字的内部结构和外部结构。内部结构着眼于造字之初的原理，一般指结构方式或者造字法；外部结构着眼于偏旁等，是根据字的结构单位和结构关系形成的外形结构。

这里我们重点关注汉字的内部结构。汉字的内部结构就是《说文解字》中提出的六书，它是古代汉字的造字法。

六书包括象形、指事、会意、形声、转注、假借。其中真正的造字方法是象形、指事、会意、形声，转注和假借是用字之法。

从象形、指事、会意、形声的字面含义就不难理解汉字是表意文字这一观点。

汉字的表意特点是指汉字能够直接表达意义或者概念，而不需要依赖特定的语音形式。汉字的这一特点，使得它区别于世界上其他的文字系统。汉字是通过特定的符号或组合来表达意义或概念，这种表意性的特点使汉字具有更强的视觉表现力，从而展现出独具特色的魅力和内涵，展现出丰富而深邃的思想与情感。

【学习活动】感受汉字之美。请观察下图，展开想象，并对这两个古汉字进行解读。

古汉字“蜀”

古汉字“羊”

想一想：

其实，汉字之所以没有消亡还有一个重要的原因，就是汉字在历代发展中一直被各民族所保护。当汉字走向民间以后，百姓以各种方式重视它、热爱它、保护它，比如民间的剪纸手艺人。

请你和同伴合作探究，阐述剪纸在汉字发展过程中所起的作用。

3. 感悟汉字的文化意蕴

在汉字的演变之路上，除了它一直坚持强化的记录功能，还有从未丢失的表意特点。汉字不仅是中国人表达思想、记录事件的工具，更承载着中华民族悠久的历史和丰厚的文化。

【学习活动】阅读下列文字材料，阐释汉字里的智慧。

文字通常有线性文字和平面文字，线性文字的字母之间像线条一样排列，自左向右或者自右向左横向展开，或者自上而下纵向展开，比如大家熟知的英文单词“forever”；汉字的构成则是横向和纵向同时展开，形成平面，比如汉字中的“永”。

又 双 叒 叕　火 炎 焱 燚

【学习成果】用鱼骨图绘制汉字的演变过程，用关键词标注对你的启示。具体要求详见“任务单”（见表 2-3），评价依据详见“评价量表”（见表 2-4）。

表 2-3 任务单

任务目标	呈现汉字内蕴的智慧启迪，自觉传承民族智慧
任务内容	绘制“汉字演变的智慧启迪”鱼骨图
任务要求	1. 围绕主题：汉字演变的智慧启迪 2. 内容完整：体现汉字的起源、演变和发展过程，对应处标注体现出的民族智慧及个人启示 3. 语言表达：关键词使用规范、准确 4. 整体呈现：能展示个人审美喜好 5. 作品命名：专业＋班级＋姓名＋单元编号＋作品名称
成果形式	鱼骨图
完成时间	

表 2-4 评价量表

评价要素	优秀 （90%～100%）	良好 （80%～89%）	中等 （70%～79%）	合格 （60%～69%）	不及格 （低于 60%）
符合性 （40 分）	符合任务单中的 5 项要求	有 1 项不满足	有 2 项不满足	有 3 项不满足	有 4 项及以上不满足
合理性 （50 分）	1. 汉字的起源、演变和发展过程描述正确 2. 民族智慧的标注体现合理 3. 客观认识自身不足，个人启示贴合自身实际 4. 关键词表达合理规范 5. 作品整体能展示个人审美喜好	有 1 项不完全满足	有 2 项不完全满足	有 3 项不完全满足	有 4 项及以上不完全满足
态度 （10 分）	1. 在规定时间内提交 2. 独立完成				
评价结论					
分要素评价	符合性：	合理性：	态度：		
评价汇总					

随手记

平王东迁、礼崩乐坏，诸侯争霸……

孟子曾说那是一个“争地以战，杀人盈野；争城以战，杀人盈城”的时代。

是的，它就是春秋战国。

正是在那个动荡与战乱的年代，中华民族的精神发展迎来了空前盛况；也是那个时代，从此确定了中华文化的大致走向。

中华文化为什么形成了儒道互补的文化格局？

曾为显学的墨家为何销声匿迹？

诸子百家到底在争什么？

带着这些疑问，我们重识诸子百家，了解主流思想学派的发展过程，欣赏诸子百家的文化特色。

平王东迁

诸侯争霸

互动一下

诸子百家知多少？

单元三 欣赏诸子百家的文化特色

导读

诸子百家走上历史舞台的时候，中国正处于礼崩乐坏的阶段。思想家们四处奔走，游说君主采纳自己的思想以平天下。以孔子为代表的儒家思想，以老子为代表的道家思想，以墨子为代表的墨家思想……在各家思想的不断发展中，我们从一个全新的视角，洞见中国文化的特色。

孔子

老子

墨子

创意发挥

请结合你对各家学派的认识，选择你认为最能代表该学派的颜色，为学派的代表人物着色。

学习目标

知识目标：

1. 描述百家争鸣盛象；
2. 阐述儒、道、法、墨等学派的发展过程；
3. 概括儒、道文化特征。

能力目标：

1. 能分析诸子百家勃兴的原因；
2. 能探析道家学派发展过程；
3. 能绘制儒、道文化格局形成图。

素养目标：

1. 为百家争鸣的文化繁荣而自豪；
2. 在主流思想学派发展历程中获得个人成长启示；
3. 建立对中华文化的深层次认同。

学习任务

任务一　阐释诸子百家
- 认识轴心时代
- 了解中西方哲学的产生
- 理解诸子百家

→ 知晓者子百家勃兴的原因

任务二　分析主流学派发展
- 概述儒学发展历程
- 探析法入汉儒的原因
- 分析道家学派的发展历程

→ 阐释影响主流学派发展的文化特质

任务三　认同主流文化思想
- 比较儒、墨文化特征
- 归纳道家的文化特质
- 认同主流文化

→ 深度建立文化认同，以主流文化思想指引个人成长

任务一 阐释诸子百家

1. 认识轴心时代

轴心时代，是卡尔·西奥多·雅斯贝斯提出的一个概念。公元前 800 年至公元前 200 年，中国、印度、西方国家各自独立地完成了结构相似的文明革命，爆发性地诞生了一批思想先行者。这段时期就是著名的“轴心时代”。

卡尔·西奥多·雅斯贝斯（1883—1969 年）

这一时代产生了今天的宗教和思考的基本范畴，是人类历史中第一次精神上的突破。古希腊诞生了苏格拉底、柏拉图、亚里士多德等，而中国也产生了中国哲学的所有流派。

【学习活动】介绍轴心时代。有人说，轴心时代是人类文明的奠基时代。你怎么看待轴心时代？

____

____

____

____

____

____

2. 了解中西方哲学的产生

西方哲学的产生可以追溯到古希腊时期，这个时期也被视为西方哲学的起源。代表人物有苏格拉底、柏拉图、亚里士多德，也被后世称作“古希腊三贤”。

古希腊卓越的哲学家。他没有著书立说，而是在街头与众人对话来启发思考。

苏格拉底

古希腊伟大的哲学家。他是苏格拉底的学生，亚里士多德的老师。其著作《理想国》影响深远。

柏拉图

古希腊著名的哲学家、科学家。被誉为百科全书式的学者，对后世学术发展影响巨大。

亚里士多德

中国哲学产生于先秦时期，中国经历了从氏族社会解体到阶级社会形成的过程，而分封制导致各地诸侯实力的分化和割据，诸侯国之间频繁进行战争和外交。思想家们开始走上舞台，中国哲学的所有流派就此产生，代表人物有孔子、老子等。

【学习活动】理解中国哲学产生背景。请结合“天下”“实践”等词语简要说明中国哲学的出现是想解决什么问题。

____

____

____

____

3. 理解诸子百家

公元前770年，周平王从镐京东迁至洛邑，平王东迁拉开了春秋战国诸侯争霸的历史帷幕。随着周天子“天下共主”地位逐渐丧失，竞相争霸的诸侯列国尚未形成统一的观念意识，世守的文化官员们纷纷奔走列国，推动私家学者集团的兴盛。

百家：是对先秦时代各种思想流派勃兴的一种概说，并非学派数量达到一百。当时社会急剧变化，许多问题亟待解决，因而社会上产生了如儒、墨、道、法等各种思想流派，他们著书立说，以宣扬自己的政治理想，他们讲学论战，出现了文化思想的空前繁荣，后世将这一文化现象称为百家争鸣。

诸子百家：指先秦至汉初各学派的代表人物及其代表作。后用作当时各学派的总称。战国时已有“百家”之称。《荀子·解蔽》：“诸侯异政，百家异说。”《庄子·天下》：“百家之学时或称而道之。”西汉刘歆的《七略·诸子略》辑录：“凡诸子百八十九家，四千三百二十四篇。”后据此概括为“诸子百家”。

认识诸子百家

在历史上，关于“诸子”主要有六家和十家两种观点。西汉司马谈将诸子概括为阴阳、儒、墨、名、法、道德六家；西汉刘歆将诸子归为儒、墨、道、名、法、阴阳、农、纵横、杂、小说十家。我们一般提到“诸子百家”多指十家。

【学习活动】梳理诸子百家。请结合你了解的先秦诸子，填写表3-1。

表3-1 诸子百家列表

学派	代表人物	代表作/观点

任务二 分析主流学派发展

由于社会地位、思维方式、所受教育方式等的不同，先秦诸子们创立的学派各自具有鲜明的特色。各家学派的差异也决定了其不同的发展方向。

1. 概述儒学发展历程

儒家学派：由孔子开创，以“仁”为核心，注重人伦，推崇中庸之道，重视道德修养。《中国文史哲大辞典》① 这样解释儒家学派：

> 以孔子为宗师，崇奉孔子学说的重要学派。被列为先秦至汉初“九流十家”之首。《汉书·艺文志·诸子略》：“儒家者流，盖出于司徒之官，助人君顺阴阳、明教化者也。游文于六经之中，留意于仁义之际，祖述尧舜，宪章文武，宗师仲尼，以重其言，于道最为高。”

战国时，儒家与墨家并称“显学”。后儒家内部分为八派，称为“八儒”。其中占重要地位的有孟子和荀子两派。

秦始皇统一中国后，曾禁止儒家学派的传播，有“焚书坑儒”之举，儒家学派一度

① 郑天挺，谭其骧，钱仲联，等. 中国文史哲大辞典. 上海：上海辞书出版社，2018.

受挫。

自汉武帝罢黜百家，独尊儒学，儒家思想逐渐成为中国封建社会文化的主流。各个时期的儒家学说，为适应当时封建统治阶级的需要而有所不同。

魏晋时，有王弼、何晏以老庄思想解释儒经的玄学，主张“名教”出于“自然”，企图调和儒、道两家的思想以适应当时封建统治者的需要。

唐代，有韩愈倡导的儒家“道统”说，把儒家的“道统”上溯到尧舜，认为从尧舜禹汤文武以至孔子、孟子，儒家的思想是一脉相传的，把荀子至韦以前的儒家代表人物均排除于儒家“道统”之外，并以上接孟子自居。

宋明时期，有兼取佛道两家学说的程朱派理学和陆王派心学。两派均标榜继承孔子以来儒家学派的思想，但在有些观点上又有所区别。程朱派以“理”为宇宙中主宰和派生万事万物的本原，陆王派主张“心即理”，为学以“发明本心”为主（陆九渊），并倡“致良知”和“知行合一”说（王阳明）。

儒家学派的思想学说在中国源远流长，内容极其丰富，是中国传统思想文化的主干，对中华民族的文化发展和民族精神的陶冶产生过深刻的影响，是十分宝贵的文化遗产。

【学习活动】梳理儒学发展历程。请结合自己对儒学发展的理解，绘制儒学发展图谱。

互动一下

你觉得儒家思想最看重什么？

2. 探析法入汉儒的原因

法家是先秦、汉初主张法治的一个学派，《汉书·艺文志》列为“九流之一”。法家强调“不别亲疏，不殊贵贱，一断于法”（《史记·太史公自序》）。

法家的思想渊源可上溯到春秋时的管仲、子产。他们既强调法治，又重视道德教化。法家的实际始祖，当推战国初的李悝。李悝任魏文侯相，曾推行农政改革，并集诸国刑律，编著《法经》六篇：《盗法》《贼法》《囚法》《捕法》《杂法》《具法》。此为中国古代第一部较为完整的法典。

被称为“前期法家”的，除李悝外，还有吴起、慎到、申不害、商鞅等。商鞅重“法”，强调“不贵义而贵法”（《商君书·画策》），曾在秦国两次推行变法改革，获得成功。

除秦晋法家外，还有“齐法家”。齐法家的著作被保存在《管子》一书中。他们的法治思想已包含了秦晋法家“法、术、势”三派的思想。齐法家除主张推行法治之外，还主张容纳礼义教化。

战国末期韩非综合秦晋齐法家各派之长，为法家思想的集大成者。他兼言“法、术、势”，又吸收道家思想，提出“抱法处势则治”，形成一套系统的法治理论。认为“法、术、势”三者，不可一无，皆“帝王之具”（《韩非子·定法》）。

西汉以后，独立的法家学派逐渐消失，其法治思想被吸收到汉代儒学的体系中。法家著作，《汉书·艺文志》著录十家。其中《处子》《游棣子》等已亡佚；《申子》《慎子》仅存残篇；唯《商君书》《韩非子》现存较完整。

【学习活动】阐释法入汉儒。在儒学发展图谱的基础上，继续绘制法家学派的发展历程图。

设想一下

如果没有法入汉儒，而是法家一直独立，法家的发展又是如何？

3. 分析道家学派的发展历程

道家学派：以老子、庄子为代表，尊崇“天道”，向往“自然”，讲究天人合一。《中国文史哲大辞典》这样解释道家学派：

以先秦老子关于"道"的学说为中心的学派。道家最初称为"道德家"(见西汉司马谈《论六家之要旨》)。《汉书·艺文志》始称"道家",列为"九流"之一。老子是道家的创始人,提出了以"道"为核心的思想体系,用"道"来说明宇宙万物的本质、构成、变化和本原。主张"道法自然"。

庄子发展了原始道家的思想,认为"昭昭生于冥冥,有伦生于无形,精神生于道"(《庄子·知北游》),更强调"道"的从无生有、变幻莫测的性质。认为万物都是相对的,主张齐物我、齐是非、齐大小、齐生死、齐贵贱,幻想一种"天地与我并生,而万物与我为一"(《庄子·齐物论》)的主观精神境界。形成了庄子学派,该学派是道家所谓的正统学派。

在庄子前或同时,还有以杨朱为代表的"全性保真"说,以宋钘、尹文为代表的"情欲寡浅"说,都与老庄观点相近,又称为道家别派者。

另外,道又与名、法合流,逐渐形成黄老之学,以慎到、田骈等人为代表。法家申不害、韩非等人则汲取道家"自然之义"和权术思想,补充法治思想,故又有以黄老、刑名并称。

汉初,黄老之学受到统治阶级推崇,盛极一时。至汉武帝独尊儒术,黄老之风渐衰。

魏晋时期,玄学盛行。王弼、何晏等倡"名教出于自然",以老、庄解释儒家经籍,阮籍、嵇康主"越名教而任自然",以道斥儒。佛教传入中国后,学者用老、庄诠释佛典。

以后宋明理学提倡儒家道统,排斥佛、道,但对道家学说仍有汲取。

【学习活动】把握道家学派发展。绘制道家学派发展图谱。

任务三 认同主流文化思想

1. 比较儒、墨文化特征

在任务二中,大家已对儒家学派有所了解。历史上曾一度与儒家学说并称显学的是墨家思想。

墨家，是战国学派之一，创立者是墨翟，即墨子。墨家一开始即以儒家的对立学派出现。前期墨家以墨子所主张的“兼爱”“非攻”“尚贤”“尚同”“天志”“明鬼”“节葬”“节用”“非乐”“非命”等思想为中心，与儒家展开了一系列政治思想和学术观点的论争，影响极大。墨家对逻辑理论的研究有特殊建树，创立了中国古代第一个比较完整的形式逻辑理论体系，即墨辩逻辑学。

秦汉以后，统治者或崇尚黄老，或崇儒抑墨，墨家逐渐衰微，其学说也成为“绝学”，少有研究者。

【学习活动】探析儒学的文化特质。结合儒、墨学派各自的发展情况，分析儒学为主流、墨家亡绝的可能因素，明确儒学的文化特质。

互动一下

如果你是墨家巨子，你会如何改造墨家思想，以使其更好地发展？

2. 归纳道家的文化特质

春秋战国时期，道家思想初步形成，开始产生社会影响。后来，道家思想受到统治者的重视，一度成为官方哲学。魏晋时期，道家思想得以进一步发展，并与儒、佛等思想流派进行融合，渐渐形成更为复合的文化格局。道家思想以其独特的思考和深邃的哲理，对众多领域产生了深刻的影响。

【学习活动】分析道家的文化特质。通过绘制的道家发展图谱，分析道家发展至今并形成儒道互补文化格局的可能因素，归纳道家的文化特质。

设想一下

如果把道家思想的文化特质看作一个人的性格特质，那这个人会有怎样的发展？

______

______

______

3. 认同主流文化

学派从创立到发展是一个漫长且不断积淀的过程。随着孔子、老子的离世，由他们所创立的儒家、道家学派也在各自的坚守与传承中迎来不同的发展走向，进而形成了中国传统文化中一个特殊而重要的思想现象——儒道互补。

儒道互补指的是儒家和道家两种思想体系在相互对立、相互补充的过程中，共同构成了中华文化的核心，而儒道互补这一现象也体现出中华文化和而不同的特点。

纵观历史，许多文人雅士在思想上都受到儒道互补的影响。唐宋八大家之一的韩愈曾提出："道、儒二家，虽殊其源流，而异端相通，一家之言所谓道者，亦一家之言所谓儒也。"

【学习活动】了解儒道文化思想。归纳儒家、道家的文化特质，对照分析自身成长经历，填写表 3－2。

表 3－2　个人成长分析表

文化特质	个人成长启示	专业学习启示	职业发展启示
儒家的文化特质			
道家的文化特质			

【学习成果】绘制主要学派的发展历程及学派融入的过程，标注其发展或消亡的原因，并记录其对你个人成长或完善的启示。具体要求详见任务单（见表3-3），评价依据详见评价量表（见表3-4）。

表3-3 任务单

任务目标	以主流思想学派发展历程启发个人成长，强化文化认同
任务内容	绘制主流学派的发展历程及学派互融图谱
任务要求	1. 图谱命名：题目自拟，体现内容 2. 图谱要求：正确表达儒、墨、道、法等主要学派发展及相关学派互融关系 3. 观点标注：以关键词标注学派兴衰原因、个人思考及启发 4. 整体呈现：整体设计，体现个人审美思想 5. 作品命名：专业＋班级＋姓名＋单元编号＋作品名称
成果形式	图谱
完成时间	

表3-4 评价量表

评价要素	优秀 (90%～100%)	良好 (80%～89%)	中等 (70%～79%)	合格 (60%～69%)	不及格 (低于60%)
符合性 (40分)	符合任务单中的5项要求	有1项不满足	有2项不满足	有3项不满足	有4项及以上不满足
合理性 (50分)	1. 图谱名称体现内容，贴合主题 2. 儒、墨、道、法学派发展及相关学派融入正确 3. 关键词表达准确、有个人思考 4. 图谱体现整体性、逻辑性和美观性 5. 命名规范	有1项不完全满足	有2项不完全满足	有3项不完全满足	有4项及以上不完全满足
态度 (10分)	1. 在规定时间内提交 2. 独立完成				
评价结论					
分要素评价	符合性：	合理性：		态度：	
评价汇总					

随手记

大家都学过《论语》，也听说过孔子。如果现在问你，《论语》写的是什么，孔子又是一个怎样的人？你能讲出多少？文化，因日用，而不觉，圣贤，虽耳熟，却难详……

互动一下

你心中的孔子是什么形象？

单元四　崇尚儒学中的人格理想

导读

对于儒家思想，我们都能谈论一二，但很多时候只停留于背诵或引用《论语》中孔子及其弟子的经典对话，并没有体悟到其中的深刻思想内涵。随着年龄的增长、学习经历的丰富，我们再次翻读《论语》，从中获得启迪，指引我们不断加强自身道德修养，更好立足于世。

孔子讲学

互动一下

钱穆先生说：“懂得了孔子，自会懂得中国人。”孔子对我们每一个中国人而言，有哪些影响呢？

学习目标

知识目标：

1. 明确《论语》的核心内容；
2. 正确描述孔子的志向；
3. 准确阐述孔子一生践行修齐治平的典型行为。

能力目标：

1. 能确立个人志向；
2. 能归因孔子所遇困境及成就；
3. 能围绕个人志向达成目标。

素养目标：

1. 敬仰圣贤孔子及儒学智慧；
2. 共鸣孔子所遇困境，内驱自我，不断完善道德修养；
3. 认同儒学的文化价值。

学习任务

任务一　新读《论语·学而》	了解《论语》的核心内容 ↓ 理解《论语》中的学习 ↓ 体会孔子其志	理解孔子其志，确立个人“大”志
任务二　理解修齐治平之道	了解孔子的立志与躬行 ↓ 认同孔子的立身之路 ↓ 学习孔子的立命之道	阐述孔子一身践行修齐治平的典型行为
任务三　敬仰圣贤孔子	分析孔子所遇困境 ↓ 关联孔子的困境与成就 ↓ 体悟孔子思想的当代价值	共鸣孔子所遇困境，敬佩孔子不断进取的一生，规划个人成长

任务一 新读《论语·学而》

1. 了解《论语》的核心内容

《论语》是中国春秋时期的一部语录体散文集，主要记录的是孔子及其弟子的言行。作为先秦儒学的重要典籍，《论语》共二十篇，各篇题目均取自首章第一、二句的两字或三字，依次为：学而篇、为政篇、八佾篇、里仁篇、公冶长篇、雍也篇、述而篇、泰伯篇、子罕篇、乡党篇、先进篇、颜渊篇、子路篇、宪问篇、卫灵公篇、季氏篇、阳货篇、微子篇、子张篇、尧曰篇。

《论语》的“论”在古代汉语词典中作依次编辑之义，“语”在古代汉语词典中有与人谈论之意，自言为“言”，与人谈论为“语”。当然，也有学者认为这些都属于字面含义，古代的“语”本身就有多重含义。《论语》里有孔子说的话、孔子弟子说的话、孔子和他弟子的对话，还有一些孔子和其他人的谈话。

孔子是一个“述而不作，信而好古”之人。作为老师，他开创私人讲学，提出有教无类，广收弟子，研习学问。老师与学生的对话，大抵绕不过“学习”，孔子与其弟子也是如此。《论语》的开篇便是《学而篇》。

【学习活动】理解《论语》谈学习。请围绕“学习”，列举3个以上《论语》中谈论内容的关键词。

____

____

____

____

2. 理解《论语》中的学习

儒学的特点之一就是注重实践，而孔子又极为关注现实社会。《论语》中谈论的学习，与我们刚才所想会不会有所不同？

比如：

学习，真的会让人快乐吗？

旧学和新知之间有什么关联？

学与思，是不是同等重要？

在学习交流过程中，意见不同怎么办？

学习的终极目标到底是什么？

带着这些疑问，我们来新读《论语》。

子曰："学而时习①之，不亦说乎？有朋②自远方来，不亦乐乎？人不知，而不愠，不亦君子③乎？"

（1）关于学习之乐，孔子说："学了，然后按一定的时间去实习它，不也高兴吗？有志同道合的人从远处来，不也快乐吗？人家不了解我，我却不怨恨，不也是君子吗？"从学以致用，到交流取益，再到忠恕之道，一语道出先秦儒学的核心。

子曰："温故而知新，可以为师矣。"

（2）新知又如何得来？孔子认为："在温习旧知识时，能有新体会、新发现，就可以做老师了。"

子曰："学而不思则罔④，思而不学则殆⑤。"

（3）我们在学习的道路上，为什么时有迷茫、懈怠呢？孔子说："只是读书，却不思考，就会受骗；只是空想，却不读书，就会疑惑。"

子曰："君子和而不同，小人同而不和。"

（4）一个人是否有君子之风，从他面对不同意见的处理态度就可窥见。孔子说："君子用自己的正确意见来纠正别人的错误意见，使一切都做到恰到好处，却不肯盲从附和。小人只是盲从附和，却不肯表达自己的不同意见。"

"和"与"同"是春秋时代的两个常用术语，《左传》昭公二十年（公元前 522 年）所载晏子对齐景公批评梁丘据的话，和《国语·郑语》所载史伯的话都解说得非常详细。"和"如五味的调和，八音的和谐，一定要有水、火、酱、醋等各种不同的材料才能调和滋味；一定要有高下、长短、疾徐等各种不同的声调才能使乐曲和谐。晏子说："君臣亦然。君所谓可，而有否焉，臣献其否以成其可；君所谓否，而有可焉，臣献其可以去其否。"因此史伯也说："以他平他谓之和。""同"就不如此，用晏子的话说："君所谓可，据亦曰可；君所谓否，据亦曰否；若以水济水，谁能食之？若琴瑟之专一，谁能听之？'同'之不可也如是。"

中国文化向来强调"和"，比如和和美美、以和为贵、和气生财等。"和而不同"将"和"与"同"区分开："和"是调和、和谐，是恰到好处的统一；而"同"则是完全的

① 习：古文中多指"实习""演习"。孔子与其弟子的交流多关乎当时的社会生活等，故宜取"实习"之意。

② 朋：古文多以同门曰朋，即志同道合之人。

③ 君子：《论语》里的君子，有时指"有德者"，有时指"有位者"，这里是指"有德者"。

④ 罔：诬罔。"学而不思"则受欺。

⑤ 殆：疑惑。古人常以"罔""殆"对文，如《诗经·小雅·节南山》云："弗问弗仕，勿罔君子。式夷式已，无小人殆。"

一致，没有一丝不同之意。

试想，事物的发展是前进与曲折的统一，如果在前进的路上只有“同”，那便注定难以走远。中华文化之所以是世界文明史上唯一绵延不断、发展至今的文化，“和而不同”便是其拥有强劲生命力的原因。

子曰：“三人行，必有我师焉：择其善者而从之，其不善者而改之。”

（5）学习，不只局限于课堂。孔子说：“三个人一块走路，其中便一定有可以为我所取法的人：我选取那些优点而学习，看出那些缺点而改正。”

子贡曰：“如有博施于民而能济众，何如？可谓仁乎？”子曰：“何事于仁！必也圣乎！尧舜其犹病诸！夫仁者，己欲立而立人，己欲达而达人。能近取譬，可谓仁之方也已。”

（6）仁是什么？如何才能践行仁呢？孔子的弟子子贡说：“假若有这么一个人，广泛地给人民以好处，又能帮助大家生活得很好，怎么样？可以说是仁道了吗？”孔子道：“哪里仅是仁道！那一定是圣德了！尧舜或者都难以做到哩！仁是什么呢？自己要站得住，同时也使别人站得住；自己要事事行得通，同时也使别人事事行得通。能够就眼下的事实选择例子一步步去做，可以说是实践仁道的方法了。”

子贡问曰：“有一言而可以终身行之者乎？”子曰：“其恕①乎！己所不欲，勿施于人。”

（7）子贡曾请教过孔子一个问题：“有没有一句可以终身奉行的话呢？”孔子道：“大概是‘恕’吧！自己不想要的任何事物，就不要强加给别人。”

《论语》不仅是孔子毕生求学之道的浓缩，更是其学习境界的展现。被称为万世之师的孔子，一生都在学与教。而孔子之教人以学，又重在学为人之道，这便是我们说的学以修身。

儒家思想非常强调修身，《礼记·大学》有这样一段话：

古之欲明明德于天下者，先治其国；欲治其国者，先齐其家②；欲齐其家者，先修其身③；欲修其身者，先正其心；欲正其心者，先诚其意；欲诚其意者，先致其知④，致知在格物⑤。

古代那些想要在天下弘扬光明正大品德的人，先要治理好自己的国家；想要治理好

① 恕：“忠”（己欲立而立人，己欲达而达人）是有积极意义的道德，未必每个人都有条件来实行。“恕”只是“己所不欲，勿施于人”，则谁都可以这样做。

② 齐其家：治理好自己的家庭或家族。

③ 修其身：修养自身的品性。

④ 致其知：使自己获得知识。

⑤ 格物：认识、研究万事万物的道理。

自己的国家，先要管理好自己的家庭和家族；想要管理好自己的家庭和家族，先要修养自己的品性；想要修养自身的品性，先要端正自己的心思；想要端正自己的心思，先要使自己的意念真诚；想要使自己的意念真诚，先要使自己获得知识；获得知识的途径在于认识、研究万事万物的道理。

> 物格而后知至，知至而后意诚，意诚而后心正，心正而后身修，身修而后家齐，家齐而后国治，国治而后天下平。

通过对万事万物道理的认识、研究后，才能获得知识；获得知识后，意念才能真诚；意念真诚后，心思才能端正；心思端正后，才能修养品性；品性修养后，才能管理好家庭和家族；管理好家庭和家族后，才能治理好国家；治理好国家后，天下才能太平。

【学习活动】梳理儒学中关于学习的关系。请结合自身学习经历，简要说明学、思、用、行、修身、报国之间的关系。

____

____

____

____

3. 体会孔子其志

孔子曾对他的学生说："吾十有五而志于学"。孔子的一生都在学，从学以致用，到学以修身，再学以报国。他研究学问，开办私人讲学，出仕为官，周游列国，孔子以其一生向我们阐释了立志躬行与道德实践的意义。

【学习活动】分析孔子的志向。按职业理想、社会责任、使命担当分解孔子的志向，同时对照孔子其志确立个人的志向。

分析孔子的志向：____________________

____

____

____________________。

确立个人的志向：____________________

____

____

____________________。

任务二 理解修齐治平之道

1. 了解孔子的立志与躬行

当我们提及孔子，想到的多是孔圣人、儒家学派创始人、万世师表等，却鲜少有人提及他立志躬行的曲折历程。

关于孔子的生平，《史记》中有这样一段记载：

孔子生鲁昌平乡陬邑。其先宋人也，曰孔防叔。防叔生伯夏，伯夏生叔梁纥。纥与颜氏女野合而生孔子，祷于尼丘得孔子。鲁襄公二十二年而孔子生。生而首上圩顶，故因名曰“丘”云。字仲尼，姓孔氏。

丘生而叔梁纥死，葬于防山。防山在鲁东，由是孔子疑其父墓处，母讳之也。孔子为儿嬉戏，常陈俎豆，设礼容。孔子母死，乃殡五父之衢，盖其慎也。陬人挽父之母诲孔子父墓，然后往合葬于防焉。

孔子年十七，鲁大夫孟釐子病且死，诫其嗣懿子曰：“孔丘，圣人之后，灭于宋。其祖弗父何始有宋而嗣让厉公。及正考父佐戴、武、宣公，三命兹益恭，故鼎铭云：‘一命而偻，再命而伛，三命而俯，循墙而走，亦莫敢余侮。饘于是，粥于是，以糊余口。’其恭如是。吾闻圣人之后，虽不当世，必有达者。今孔丘年少好礼，其达者欤？吾即没，若必师之。”及釐子卒，懿子与鲁人南宫敬叔往学礼焉。是岁，季武子卒，平子代立。

晚年时，孔子曾自述其一生：

子曰：“吾十有五而志于学，三十而立①，四十而不惑②，五十而知天命，六十而耳顺，七十而从心所欲，不逾矩。”

孔子说：“我十五岁，有志于学问；三十岁，（懂礼仪，）说话做事都有把握；四十岁，（掌握了各种知识，）不致迷惑；五十岁，得知天命；六十岁，一听别人言语，便可以分别真假，判明是非；到了七十岁，便随心所欲，任何念头不越出规矩。”

孔子三十岁时确立了为人处世之道，要仁爱世人；五十岁出仕为官，即便受人排挤，离乡背井，受尽磨难，也从未想过放弃自己治国平天下的理想；晚年终得以回到鲁国，整理著述、修订六经，以其一生为后世所铭记。

---

① 立：站立、站得住。《泰伯篇》说：“立于礼。”《季氏篇》说：“不学礼，无以立。”因而也可理解为做事合乎于礼。

② 不惑：《子罕篇》和《宪问篇》都有“知者不惑”的话，所以用“掌握了知识”来说明“不惑”。

【学习活动】理解立志与躬行。请结合孔子立志与躬行的一生，简要阐释立志与躬行的关系。

2. 认同孔子的立身之路

孔子其人

孔子立下志向之后，就开始行动。他求师问道、修习六艺，仁爱世人，也教人做君子，追寻天下大道的信念不再疑惑。

【学习活动】了解孔子立身路上的实际行动。扫二维码观看视频，尝试绘制孔子立足于世、践行理想的路径图，并标注各阶段的主要行为。

3. 学习孔子的立命之道

人生在世，都会经历风浪。即便是孔子，在他追寻天下大道的过程中，也遇到了诸多波折。

孔子在55岁那年，因与鲁王政见不合，又受到贵族排挤，被迫周游列国，在各国颠沛流离，被形容为累累若丧家之犬。

【学习活动】理解孔子立命之道的实际行动。扫二维码观看视频，继续完善孔子践行理想的路径图。

任务三 敬仰圣贤孔子

1. 分析孔子所遇困境

孔子离开鲁国后，周游列国的路线大致为：

鲁国→卫国→曹国→宋国→郑国→陈国→蔡国→楚国→卫国→鲁国

孔子在卫国并没有受到卫灵公的信任，没有信任做基础，孔子意识到他很难在卫国实现自己的理想，于是他选择带领弟子离开卫国。在去往陈国的路上，因被人误识，于匡地被困。在陈国时穷困潦倒，甚至一碗薄粥也要众人推让。再次返回卫国时，孔子依然不被重用。后孔子的弟子冉求在齐鲁之战立功，因归功于孔子的教导，孔子才被召回鲁国。至此，孔子结束了在外长达 14 年的漂泊。

【学习活动】归类孔子所遇困境。

2. 关联孔子的困境与成就

太上[①]有立德[②]，其次有立功[③]，其次有立言[④]，虽久不废，此之谓不朽。

我们把立德、立功、立言称为“三不朽”，而“三不朽”也成为中国传统士大夫毕生追求的最高价值目标。孔子和王阳明都被称为“三不朽”。

【学习活动】阐述孔子的毕生成就。结合孔子一生所遇的困境，对照“三不朽”的标准，介绍孔子在困境之下取得的不易成就。

3. 体悟孔子思想的当代价值

【学习活动】话题讨论：

1. 孔子是否达成了他的志向？
2. 孔子所处的时代对他的志向达成有何影响？
3. 孔子立志躬行的一生对我们而言有何启示？

① 太上：远古时期的黄帝、尧舜时代，也指最高的境界。
② 立德：可以理解为以德治国，也可以理解为树立个人道德品格，即最高的境界是树立德行。
③ 立功：树立功业，建功立业。
④ 立言：中国文人一向讲究言得其要，理足可传，可以理解为立言传世。

【学习成果】理解儒家修齐治平之道，绘制“我的立志躬行之路”路径图。具体要求详见任务单（见表 4-1），评价依据详见评价量表（见表 4-2）。

表 4-1 任务单

任务目标	理解孔子其志，确立个人志向，规划个人成长
任务内容	绘制个人志向及达成的路径图
任务要求	1. 路径图命名：题目自拟，体现内容 2. 路径图要求：立志高远，且符合个人职业成长发展；路径清晰、规划合理 3. 阶段标注：预估各阶段可能出现的困难，以及克服困难所需品质、解决办法及个人行为 4. 整体呈现：整体有设计，体现个人审美思想 5. 作品命名：专业＋班级＋姓名＋单元编号＋作品名称
成果形式	路径图
完成时间	

表 4-2 评价量表

评价要素	优秀（90%～100%）	良好（80%～89%）	中等（70%～79%）	合格（60%～69%）	不及格（低于 60%）
符合性（40 分）	符合任务单中的 5 项要求	有 1 项不满足	有 2 项不满足	有 3 项不满足	有 4 项及以上不满足
合理性（50 分）	1. 路径图名称体现内容，贴合主题 2. 个人志向应包含职业理想、社会责任、使命担当 3. 路径清晰合理，符合职业成长规律、贴合个人专业实际；各阶段发展及描述符合儒学修齐治平思想；预估困难需包含自身原因及外界环境两方面 4. 路径图体现整体性、逻辑性和美观性 5. 命名规范	有 1 项不完全满足	有 2 项不完全满足	有 3 项不完全满足	有 4 项及以上不完全满足
态度（10 分）	1. 在规定时间内提交 2. 独立完成				
评价结论					
分要素评价	符合性：	合理性：		态度：	
评价汇总					

随手记

你听过《道德经》吗？你知道《道德经》的主要内容吗？《道德经》中的“道德”，是我们今天理解的道德吗？你能向大家介绍道家思想的代表人物“老庄”吗？

老子

庄子

关于道家思想，对于大多数人而言都只是听过，对于其中的深刻哲理少有思考。现在，我们一起揭开道家思想的神秘面纱，感受古代先贤的深邃哲思。

互动一下

如果用颜色来代表你对一个人的印象，请用彩笔为老子、庄子的图像上色。

单元五　揭秘道家的智慧选择

导读

相传，老子在西出函谷关时留下了《道德经》。《道德经》又名《老子》，全书五千余字涵盖了政治、经济、军事、文化在内的多个领域。我们学习道家的治身之道，揭秘道家的智慧选择，理解天人合一的境界，以此不断追求道技融合的职业境界。

理解道法自然

老子西出函谷关

互动一下

你知道《道德经》的“道”是指什么吗？

学习目标

知识目标：

1. 正确描述“庖丁解牛”中达成道技融合的三个阶段；
2. 举例说明“上善若水”体现的优良道德品质；
3. 结合专业发展，阐释“道技融合”的境界。

能力目标：

1. 能分析达成“道技融合”的实践路径；
2. 能以水的品质观照自我，明确个人所需的优良品质；
3. 能细化个人成长各阶段的实际行动。

素养目标：

1. 体悟道家思想“道”的精髓；
2. 展现个人不断完善道德修养的良好行为；
3. 涵养诚信、友善、公正、法治等社会主义核心价值观。

学习任务

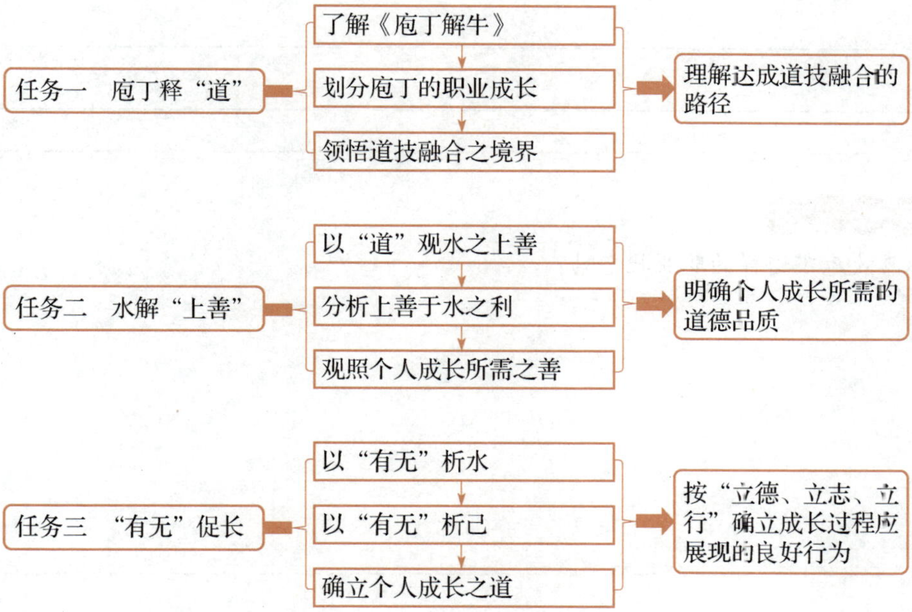

任务一 庖丁释“道”

1. 了解《庖丁解牛》

《庖丁解牛》是先秦道家学派代表人物庄子创作的寓言故事。通过描述庖丁为文惠君解牛的手法，以及庖丁和文惠君的对话，揭示了“技”与“道”的关系，说明了只有反复实践，积累经验，顺应规律，才能游刃有余。

庖丁为文惠君解牛，手之所触，肩之所倚，足之所履，膝之所踦，砉然向然，奏刀騞然，莫不中音。合于《桑林》之舞，乃中《经首》之会。

庖丁为文惠君宰牛，手抓肩顶，脚踩膝抵，各种动作无不精确利索。此时牛体被肢解发出哗啦哗啦的或重或轻的响声，庖丁进刀发出的阵阵唰唰声，都无不符合音乐的节奏，合乎《桑林》舞曲的节拍，同于《经首》乐章的韵律。

【学习活动】描绘庖丁的形象。想象庖丁解牛的过程，用文字介绍你心中的庖丁形象。

____

____

____

____

互动一下

你喜欢庖丁这样的职业状态吗？

2. 划分庖丁的职业成长

如果你是一个庖厨，你会如何看所杀之牛呢？

庖丁解牛

庖丁释刀对曰："臣之所好者道也，进乎技矣。始臣之解牛之时，所见无非牛者；三年之后，未尝见全牛也。方今之时，臣以神遇而不以目视，官知止而神欲行。依乎天理，批大郤，导大窾，因其固然，技经肯綮之未尝，而况大軱乎！良庖岁更刀，割也；族庖月更刀，折也。今臣之刀十九年矣，所解数千牛矣，而刀刃若新发于硎。彼节者有间，而刀刃者无厚；以无厚入有间，恢恢乎其于游刃必有余地矣！是以十九年而刀刃若新发于硎。虽然，每至于族，吾见其难为，怵然为戒，视为止，行为迟，动刀甚微。謋然已解，如土委地。提刀而立，为之四顾，为之踌躇满志，善刀而藏之。"

结合原文，还原庖丁回答文惠君的场景。庖丁放下刀，回答说："我所爱好的是'道'，已经超过技术了。我刚开始从事宰牛时，眼前所见无非一头完整的牛；三年之后，就再也不去观看整牛了。到了现在，我再宰牛时，全凭心神去运作，而不需用眼睛来观察，感官的认知作用早已停止了，而只是心神的活动罢了。依据牛体的天然纹理劈开筋骨间的空隙，把刀引入骨节之间的空隙，完全是顺着牛体的自然结构来操作。像那些经络交错、筋骨盘结的地方都不曾有什么妨碍，何况对付大骨头呢！好的厨师一年换一把刀，他们是用刀割肉；普通的厨师一个月换一把刀，他们是用刀砍骨头。如今我的这把刀已经用了十九年了，宰牛的数量也有几千头了，而刀口还像是刚从磨刀石磨过的一样锋利。因为那牛骨节是有间隙的，而这刀刃却薄得犹如没有厚度，用没有厚度的刀刃切入有间隙的骨节，其中宽宽绰绰的，当然会游刃有余了。所以这把刀用了十九年还像新磨的一样。尽管这样，每次碰到筋骨聚集的地方，我知道其中的难度，便小心警惕，眼神专注，动作缓慢，操刀轻微，'哗啦'一声，牛体已解，如同泥土散落一地。此时我提刀站立，环顾四周，悠然自得，心满意足，把刀子揩净收好。"

当庖丁还是新手时，看见牛就只是眼前的牛的全貌。

过了些年，当庖丁成为熟手以后，再看所杀之牛就不再只是牛的全貌，而是牛内里的骨骼、关节等。

再后来，庖丁杀牛十九年之后，去看所杀之牛，竟然可以"以神遇而不以目视"。这里的神遇，可不是眼神相遇，它表达的是庖丁解牛的刀已与他的精神合为一体，不需要用眼睛看就可以达到这样的境界。

【学习活动】划分庖丁的职业成长阶段。根据庖丁解牛的过程，填写表 5-1。

表 5-1　庖丁解牛能力进阶分析表

阶段	庖丁看牛	庖丁的刀
新手		
熟手		
高手		

设想一下

庖丁看牛的状态对庖丁的刀有何影响？

3. 领悟道技融合之境界

上文说“官知止而神欲行”，也就是说庖丁解牛的技术已然达到了“道”的境界，当任何一种技术达到出神入化的境界，就是“技”近乎“道”。

在道家思想中，“道”是自然而然的规律。庄子进而认为事物之间的规律是道，人要学会遵守事物自身不断运行和变化的规律。庖丁在杀牛初期，一边实践技能、技术，一边不断摸索背后的“道”，这样一来，就能更好地掌握技术，实现技能提升。

同时，庖丁通过对解牛这一技能的反复实践和应用，对“道”有了更深刻的体悟。这种从实践到理论的升华，于庖丁而言，有助于更好地把握全牛的筋骨；于我们而言，则可以形成更加全面的知识体系和更深刻的思想认知。

当“道”与“技”完美融合以后，就如庖丁所言“官知止而神欲行”。

【学习活动】体会道技融合的境界。请思考“游刃有余”的状态要如何才能实现，将所思所想补充完善至“游刃有余”状态达成的路径。

________ ⇨ ________ ⇨ ________ ⇨ 游刃有余

互动一下

你能尝试画出“道”的形状吗？

任务二 水解“上善”

1. 以“道”观水之上善

上善若水。水善利万物而不争，处众人之所恶，故几于道。居善地，心善渊，与善仁，言善信，正善治，事善能，动善时。夫唯不争，故无尤。

最高的德性如水一般。水虽然善利万物而处卑下，但还是“有”，而道则是“无”，所以水只是近于道之善而已。

此章经文全是以水作譬喻，看似言水，实则喻人。比如水臣利万物而居卑下，此为“居善地”之道；又因纳百川而平静，因容纳万物而仁厚，因无秽无偏而至清至平，因事有所长而缓急有道，伺机而动能一泻千里。

【学习活动】阐释水之“善”。搜索并观看“黄河入海”的相关视频，关联水流变化背后所体现的水的品质。

互动一下

从黄河之水从源头细流到以汪洋之势入海，你认为水是“争”还是“不争”？

2. 分析上善于水之利

水因利万物而为上善，也是因此而居卑下。内心平静、相处仁爱、言出必行、处世正衡、发挥功用、把握时机，这些都是水的品质，所以老子认为水近于道之善。

水的品质从何而来呢？在峡谷之间、遇阻碍之时、经平原之上……当水面对不同外界环境的变化时，老子看见了它的品质。

水在峡谷

水遇阻碍

水经平原

【学习活动】关联水因其善而获益。结合上一学习活动，将黄河入海的主要变化过程绘制成路径图，并用关键词标注其品质。

3. 观照个人成长所需之善

新时代中国青年要锤炼品德修为。人无德不立，品德是为人之本。止于至善，是中华民族始终不变的人格追求。我们要建设的社会主义现代化强国，不仅要在物质上强，更要在精神上强。精神上强，才是更持久、更深沉、更有力量的。青年要把正确的道德认知、自觉的道德养成、积极的道德实践紧密结合起来，不断修身立德，打牢道德根基，在人生道路上走得更正、走得更远。

——习近平总书记在纪念五四运动 100 周年大会上的讲话

良好的品质是我们塑造健全人格的基础，拥有健全的人格，我们的理想信念、价值观、个人能力、性格等才能均衡而健康的发展。具备良好的品质可以帮助我们在面对困难和挑战时坚持不懈、冷静沉着，也能让我们在人际交往中更加和谐友善。此外，良好的品质还能提升自我认知和自我价值，让我们更加自信自强。新时代的中国青年要不断完善个人道德、人格修养，才能走好人生之路。

【学习活动】确认个人成长所需品质。在已绘制的“我的立志躬行之路”中标注个人在成长各阶段所需的品质。

任务三 “有无”促长

1. 以“有无”析水

三十辐共一毂①，当其无，有车之用。埏埴以为器，当其无，有器之用。凿户牖以为室，当其无，有室之用。故有之以为利，无之以为用。

三十根辐条汇集到一根毂中的孔洞中，有了车毂中空的地方，才发挥了车的作用。糅合陶土做成器皿，必须把陶土做成一个防范内外渗透的周延外形，中间是空的，这样才能发挥一个容器盛物的作用。建造房屋必须要开辟门窗，留出空间，这样才能发挥房屋的作用。

车轮

“有之以为利，无之以为用”说的是“有”所提供的便利，实则是“无”在发挥作用，后来也常简化表达为“有利无用”。

【学习活动】理解“有无”思想。结合任务二“关联水因其善而获益”的学习活动，用“有无”思想阐述水在各阶段的形态变化与其品质的关系。

2. 以“有无”析己

有利无用这一文化思想，在很多方面都得以展现，如国画中的留白艺术，又如中华文化中对“谦虚”美德的诠释。不仅是艺术、文学作品，在人的身上，在言行举止之中，也存在有与无的展现，如有形的行为与无言的修养等。

① 毂：车轮中间凑辐贯轴部件。

画中的留白

【学习活动】认识品德修养对个人成长的重要性。结合任务二“确认个人成长所需品质”的学习活动，阐述个人成长各阶段所需品质及其影响。

3. 确立个人成长之道

在前面的学习活动中，我们看到了水的各种形态背后的高尚品质，也分析出个人想要良好发展所需的道德品质。当把这些品质看作“无”的时候，那对应的“有”便是塑造品质所需的实际行动。

【学习活动】描述培养个人道德品质的具体行为。结合“认识品德修养对个人成长的重要性”学习活动，对照描述培养各种品质所需的具体行动。

【学习成果】以道家思想为指引，汇报自己的志向达成之“道”。具体要求详见任务单（见表5-2），评价依据详见评价量表（见表5-3）。

表5-2 任务单

任务目标	体悟道家智慧，指导提升个人成长所需的道德修养
任务内容	制作“我的志向达成之‘道’”PPT
任务要求	1. 内容要求：体现道家思想对个人成长的指导作用；以任务成果“我的立志躬行之路”为基础 2. 语言表达：凝练、准确 3. 整体呈现：逻辑清晰、主题凸显、符合个人成长情况 4. 自信展示；有鼓励自己的图文表达 5. 作品命名：专业＋班级＋姓名＋单元编号＋作品名称
成果形式	PPT
完成时间	

表5-3 评价量表

评价要素	优秀 (90%～100%)	良好 (80%～89%)	中等 (70%～79%)	合格 (60%～69%)	不及格 (低于60%)
符合性 (40分)	符合任务单中的5项要求	有1项不满足	有2项不满足	有3项不满足	有4项及以上不满足
合理性 (50分)	1. 内容贴合个人实际成长，调整之处符合道家思想特质 2. 关键词句规范、达意 3. PPT整体美观、逻辑清晰，有个人不断提升道德修养的方法路径和具体行动 4. 有激励自己的方式 5. 作品整体展现个人风格	有1项不完全满足	有2项不完全满足	有3项不完全满足	有4项及以上不完全满足
态度 (10分)	1. 在规定时间内提交 2. 独立完成				
评价结论					
分要素评价	符合性：	合理性：		态度：	
评价汇总					

随手记

模块一的主题是深学文化典籍，指导个人成长。我们从创世神话出发，知晓了原始先民如何以他们的方式理解宇宙的形成、万物的产生，也了解了中华民族世代推崇并不断传承的精神品格。

汉字记录文化，承载文化，同时又代表着文化。在汉字的身上，我们感受到民族智慧。

在人类历史中第一次获得精神突破的轴心时代，迎来了百家争鸣的文化盛象。在诸子百家的发展历程中，我们看到了文化格局的形成，也学会了欣赏中华文化的特色。

在儒道文化思想中，我们体会到提高个人道德修养的重要性，也懂得了如何处理群己互洽的关系，并立下了人生志向，为自己量身设计了志向达成的路径。

互动一下

每个人都是独一无二的。当不同的个体选择同一个专业，他们的成长之路有何异同？

单元六　实践教学：传承文化精髓　担当时代使命

活动目的

中华优秀传统文化理论课的实践教学是“中华优秀传统文化”课程教学的重要组成部分。通过本次实践教学，引导学生用文化思想帮助自己解决学习、成长中的困惑，加深对中华优秀传统文化的认识和理解，自觉传承文化精髓，主动践行文化，将个人志向与国家发展紧密联系，不断提升个人道德修养。

活动设计与实施要求

开展实践教学需要活动设计，本次实践教学活动的设计与实施如表 6－1 所示。

表 6－1　活动设计与实施

拟定目标	通过汇报，旨在引导学生掌握文化素养的评价指标，提升学生不断提高个人修养的能力，增强学生语言表达、审美品位、自主学习和团队协作的能力，同时巩固和加深前期所学理论知识的理解，提升课堂教学实效	
把握关键	汇报选题拟定	活动过程的控制和评价
	根据学习内容，由教师划定选题范围，学生在范围内自选汇报题目（或教师拟定多个演讲题目供学生选择）	汇报 PPT 的制作与播放；教师或学生对演讲进行评审；填写评价表
演讲分组	将教学班学生分成若干小组，指定组长，每组合作拟定选题和组稿、自定汇报人	
基本流程	1. 拟定汇报选题范围（课前） 2. 说明汇报程序和评价要求 3. 小组汇报 4. 小组互评、师评 5. 剩余小组依次汇报、评价 6. 填写评价表	
时间地点	90 分钟；课堂、课外	
注意事项	1. 充分做好汇报的各项准备 2. 明确汇报的评价标准 3. 总结应凝练、有增量	

活动记录

实践活动的成效需客观评价，评价量表如表 6－2 所示，评价意见及自我完善表如表 6－3 所示。

表 6-2 评价量表

评价要素	优秀（90%～100%）	良好（80%～89%）	中等（70%～79%）	及格（60%～69%）	不及格（60%以下）	评分
人文素养（25 分）	1. PPT：条理清晰、逻辑严密、文字表达准确 2. 汇报：语言规范；表述精准 3. 内容：以道法自然、上善若水、有利无用 3 个道家思想作为内涵体现	1. PPT：逻辑性好、文字表达相对准确 2. 汇报：语言规范，精准不足 3. 内容：体现 3 个	1. PPT：逻辑性欠佳、文字表达不够准确 2. 汇报：语言简明，精准不足 3. 内容：体现 2 个	1. PPT：文不对题 2. 汇报：语言表达随意 3. 内容：只有 1 个或没有	以上均不满足	
审美修养（15）	1. PPT：整体统一，文质兼美 2. 汇报：自信大方、文质彬彬、情感适度流露	1. PPT：可看性、可读性好；风格与内容匹配 2. 汇报：前述内容中有 1 条不能满足	1. PPT：可看性、可读性好；其余欠佳 2. 汇报：前述内容中有 2 条不能满足	1. PPT：总体欠佳 2. 汇报：前述内容中有 3 条不能满足	以上均不满足	
学习能力（40）	1. PPT：幅面长宽比例为 16：9；有 3 处以上出现有吸引力的信息技术手段运用 2. 汇报：环节完整、衔接无缝；肢体语言有模仿设计 3. 点评：客观恰当；能体现择善而从，不善而改	1. PPT：有 2 处出现有吸引力的信息技术手段运用 2. 汇报：环节欠完整；动作、语言有设计 3. 点评：客观；体现择善而从，难见不善而改	1. PPT：有 1 处出现有吸引力的信息技术手段运用 2. 汇报：环节欠完整；动作、语言的设计不足 3. 点评：显主观；未能体现择善而从，不善而改	1. PPT：没有出现有吸引力的信息技术手段运用 2. 汇报：环节欠完整；动作、语言随意 3. 点评：随意敷衍，言之无物	以上均不满足	
团结协作（20）	1. 内容：观点正确全面，素材丰富多样 2. PPT：体现和而不同 3. 汇报：从容自信、张弛有度 4. 配合：有组织、有默契、体现各司其职、任务整体完美呈现 5. 应对：有预案、控场好	1. 内容：观点正确，素材能支撑观点 2. PPT：有多种风格但统一性不足 3. 汇报：有自信；熟悉流畅；时间控制较好 4. 配合：有 1 处失误 5. 应对：有预案，能正常发挥	1. 内容：全面性、多样性体现不足 2. PPT：风格统一之下无变化 3. 汇报：信心不足；熟悉；时间控制有欠缺 4. 配合：组织协调有欠缺；配合默契不足；没人为汇报者操作课件；有 2 个差错 5. 应对：不足	1. 内容：4 处及以上不完整、不丰富 2. PPT：风格不统一 3. 汇报：随意 4. 配合：组织协调不好；配合不好；没人为汇报者操作课件；有 3 个及以上差错 5. 应对：无预案	以上均不满足	
分数汇总						

表6-3 第____组对其他各组的评价意见及自我完善表

各组优势	
择善而从	
各组不足及建议	
不善而改	
成员签名	

随手记

模块小结

神话，在文化的发生、发展中扮演了重要的角色，我们要了解文化，必然从神话谈起。后世文学作品中大量的神话元素，无一不是在提醒着人们：看似无逻辑的神话，实则自有其美。那些创世大神的英勇行为，世代为人颂扬。

汉字的出现，让包括神话在内的中华优秀传统文化得以传承延续。

诸子勃兴，百家争鸣，思想家们为“救时之弊”而不断求索，发表论说，进而推动确定了中华文化的大致走向，逐渐形成中华文化的基本格局。

在渐进的发展中，以儒家为主的经学居于主导地位，而道家从未离去。若你留心，便会发现，儒道思想影响了生活的各个方面，更是我们解决问题的妙用锦囊。

时至今日，亦是如此。

模块二

体悟传统文化　提升个人修养

古代文学是传统文化的重要组成部分。诗词曲赋，常被称作传统文学，其名篇佳句、故事、人物至今家喻户晓，它们以最容易被人接受的方式展现了古人的文化修养。

文化修养到底是什么？通俗来讲，文化修养就是指以文化改变自己的内心世界，并展现于日常。

在诗词曲赋中，我们不仅能发现更多传统文化的内容，还能窥见古人极佳的文化修养。比如唐诗，在一定程度上也影响了书画。

提到书画，自然想到了古人修身必备的琴棋书画。琴棋书画被称为传统四艺，指中国文人所推崇和掌握的四种艺术。这四种艺术形式虽各具特色，但又共同具备了陶冶情操、提高人格修养的功能。

如果说传统文艺是阳春白雪，那百姓日常呢？

在民间，百姓生活中也有世代相传的技艺，称为传统技艺。它们中的每一样都深深烙印着民族的印记，也体现了古代匠人做人做事的准则。

互动一下

传统文学、艺术、技艺等如何帮助我们提升修养？

孔子说：“不学诗，无以言。”这里的诗，指的是《诗经》。《诗经》是我国第一部诗歌总集，后来的文学形式多从诗中而来。

古人常以诗言志，抒发个人情志。从有我之境到无我之境，便是词的境界之所在。曲之自然，是本真、是日常、是直接，因其真实而生动，富于感染，引发共鸣。赋是自信、是热爱，更是气度的彰显。

现在，我们从美的视角来深刻理解古代文学的辉煌成就。

互动一下

你还记得哪些诗、词、曲、赋呢？

单元七 诗词曲赋与文化修养

导读

传统文学生动地体现着中华民族的文化性格和民族精神，从先秦到明清的中国传统文学发展呈现出“一代有一代之所胜”的特点。对于耳熟能详的佳作名句，我们往往脱口而出，但对其所表达的深层含义却难以体悟。我们要在赏析传统文学的过程中不断提高个人文化修养，在回顾传统文学的成就中不断丰厚文化自信的底气，在滋养民族自豪感和自信心中品塑个人行为，展现时代青年形象。

李白、苏轼、马致远、司马相如，你能说出他们的名句名作吗？

李白

苏轼

马致远

司马相如

学习目标

知识目标：

1. 正确列举各代文学典型；
2. 举例说明诗词曲赋中的文学精髓；
3. 阐释诗词曲赋对提高文化修养所起的积极意义。

能力目标：

1. 能赏析诗词曲赋内含的文化之美；
2. 能从诗词曲赋中体悟到个人成长的启示；
3. 能掌握提升个人文化修养的实践路径。

素养目标：

1. 欣赏文化之美，提高审美修养；
2. 强化个人的语言文字表达能力，提升文化修养；
3. 陶冶个人情操，展现文化自信。

学习任务

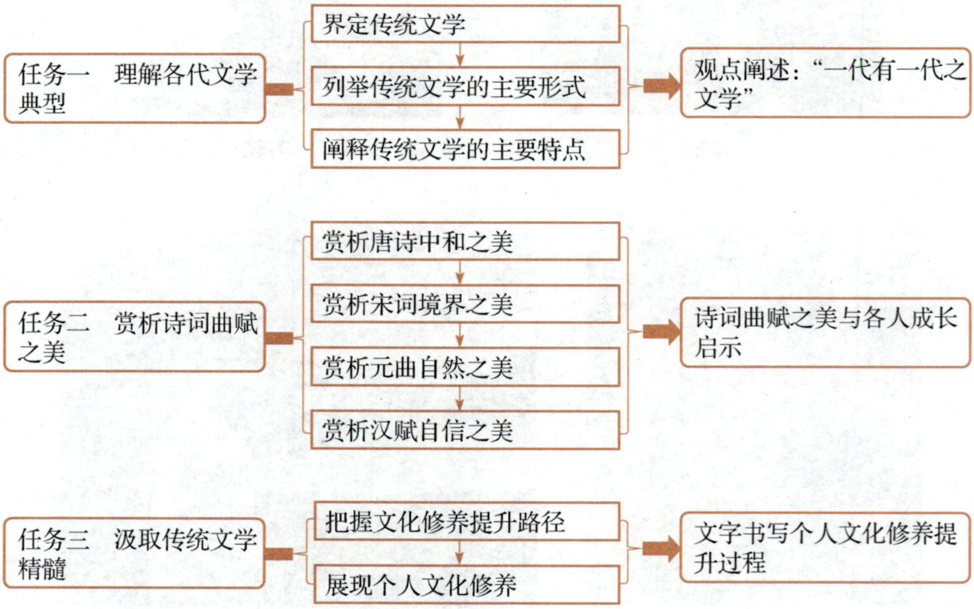

任务一 理解各代文学典型

1. 界定传统文学

你知道传统文学吗？

你可以试着说出传统文学的文化价值吗？

我们先以“传统”二字界定传统文学的主要范畴，再明确传统文学的定义。在《现代汉语词典》中，“传统”指世代相传、具有特点的社会因素，如文化、道德、思想、制度等。“文学”是以语言文字为工具形象化地反映客观现实的艺术，包括戏剧、诗歌、小说、散文等。

所以，传统文学可理解为中华民族世代相传的各类以语言文字为工具，并反映客观现实的艺术，如戏剧、诗歌、小说、散文等。中国传统文学是世界上历史最悠久的文学之一，它们扎根于中华民族的文化土壤，展现了中华儿女的文化修养，体现着中华民族的伟大精神。

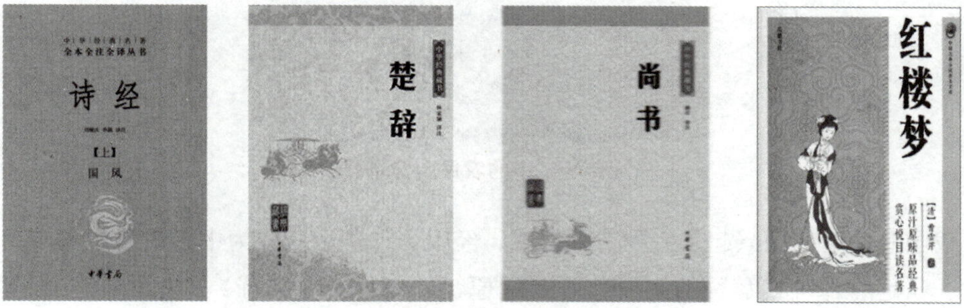

各种形式的传统文学代表作

【学习活动】请列举 1～3 部你喜欢的传统文学作品，并简要阐述缘由。

____

____

____

2. 列举传统文学的主要形式

中国传统文学的发端可追溯到上古时期的神话，神话不仅展示了远古人类的生活场景，更是古人综合意识形态的集中反映，对后世文学作品产生了深远的影响。《山海经》就是中国神话的代表作之一。

选自《山海经》

西周初期，在黄河流域一带，孕育了我国第一部诗歌总集——《诗经》。《诗经》是典型的北方文学，作为周文化的产物，它的出现源于周代礼乐活动的需要。

《诗经》中的农民劳作场面

战国时期，楚国兴起了一种诗歌样式，经收集整理后，成为中国浪漫主义诗集的代表——《楚辞》。《楚辞》的主要作者是屈原，代表作有《离骚》《九歌》《天问》等。《楚辞》的代表作就是《离骚》，因此又被称为“骚”。《诗经》和《楚辞》被合称为“风骚”，分别是中国现实主义诗歌和浪漫主义诗歌的源头，为历代诗人所学习。

屈原

随着巫官文化向史官文化的转变，出现了专门记录君王重要言论和伟大事迹的《尚书》，这标志着散文的形成。在春秋战国时期，史书、散文也颇为盛行，如春秋时期以《左传》为代表的各类史书和战国初期以《论语》为代表的各种散文集。

《左传》中的历史场景

战国后期，形成了一种中国独有的文学样式——赋。赋吸收了散文和韵文的特质，后又受到楚辞影响，形成了铺陈描写、不歌而颂的特点。到汉代时期，赋的发展达到鼎盛。汉赋的代表作有贾谊的《吊屈原赋》、张衡的《归田赋》、司马相如的《上林赋》等。

唐代以诗的发展尤为瞩目，唐诗也成为传统文学的代表之一，闪耀于世界文学的舞台，李白、杜甫就是唐朝诗人的代表。

杜甫

在古代诗歌史上，与唐诗交相辉映的则是宋词。宋词最初是在宴会场合供歌女歌唱所用，到了北宋中叶，苏轼首先革新词风，使得宋词的风格从婉约走向豪迈。

与唐诗、宋词并称的是元曲。元曲有广义和狭义之分，广义的元曲包括元杂剧和元散曲，狭义的元曲多指元杂剧。元曲四大家是关汉卿、白朴、郑光祖、马致远。

明清时期盛极一时的文学形式是小说，如《三国演义》《水浒传》《西游记》《红楼梦》，合称为“四大名著”。

【学习活动】梳理各代文学的代表形式，在下面时间轴上填写各代文学的代表形式。

（ ）（ ）（ ） （ ）（ ）（ ）（ ）

上古 先秦 汉 唐 宋 元 明清

3. 阐释传统文学的主要特点

王国维先生曾在《宋元戏曲考》中提道：“凡一代有一代之文学。楚之骚，汉之赋，六朝之骈语，唐之诗，宋之词，元之曲，皆所谓一代之文学，而后世莫能继焉者也。”

王国维是谁？

王国维是我国重要的美学和文学思想家，享有国学大师的盛誉。他是中国古典美学和文学理论的集大成者，在教育、哲学、文学、戏曲、美学、史学、古文学等领域均有深诣。

王国维

《宋元戏曲考》又是什么书？

《宋元戏曲考》是王国维先生戏曲研究的重要著作，是中国最早的一部关于戏曲历史的书籍，为后来的戏曲研究提供了宝贵的资料和理论支撑。

【学习活动】细数传统文学形式及代表作。参考“梳理各代文学的代表形式”学习活动的时间轴，对应罗列各代文学形式的代表作品，阐述对传统文学有“一代有一代之文学”特点的理解。

____

____

______________________________。

互动一下

如果用一件艺术品表达你对传统文学的印象，你会选什么？

任务二 赏析诗词曲赋之美

1. 赏析唐诗中和之美

在外国人的眼中，中国是一个富有诗意的国度。在古代，诗人常常以诗歌来抒发自己内心的情感，表达对自然、社会、人生的看法和感受，《尚书·虞书·舜典》中讲“诗言志，歌永言，声依永，律和声”，其中“诗言志”是说用诗来表达人的意志，也是中国古代对诗歌本质特征的一种认识与表达。

中国第一部诗歌总集是公元前 6 世纪的《诗经》，在句式上多以四言为主，偶有杂言。

两个世纪以后，在南方兴起的《楚辞》，开启了浪漫主义诗歌的先河。《楚辞》在形式上承接了杂言体，特点是在句末多以“兮”来结尾。

到了汉代，就诗歌句式来看，五言诗和七言诗逐渐兴起，《古诗十九首》成为五言诗的典范。

魏晋南北朝是中国古代文学发展中极具活力与创新的阶段，于诗而言，在声律和丽辞上都取得极大的突破，曹操的《短歌行》便是代表。

唐诗则成为中国诗歌的巅峰，无论是格律形式还是艺术表达，都取得了很高的成就，尤其是以汉字的平、上、去、入来协调诗歌的韵律，成就了中国诗歌之美。形式与内容的匹配，是文与质的兼备。

诗歌的赏析

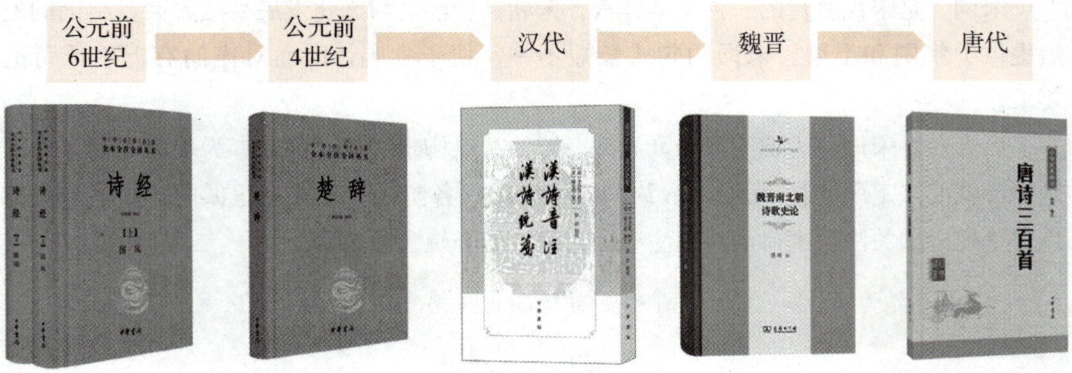

诗的发展脉络

【学习活动】感受唐诗之美。品读《将进酒》，感受李白之“志”及文辞表达之美。

君不见，黄河之水天上来，奔流到海不复回。
君不见，高堂明镜悲白发，朝如青丝暮成雪。
人生得意须尽欢，莫使金樽空对月。
天生我材必有用，千金散尽还复来。
烹羊宰牛且为乐，会须一饮三百杯。
岑夫子，丹丘生，将进酒，杯莫停。
与君歌一曲，请君为我倾耳听。
钟鼓馔玉不足贵，但愿长醉不愿醒。
古来圣贤皆寂寞，惟有饮者留其名。
陈王昔时宴平乐，斗酒十千恣欢谑。
主人何为言少钱，径须沽取对君酌。
五花马，千金裘，呼儿将出换美酒，与尔同销万古愁。

____

____

____

____

____

2. 赏析宋词境界之美

宋词，是宋代盛行的一种文学体裁。宋朝社会经济与文化发展高度繁荣，给词的发展提供了氛围和土壤。宋词的句式长短不一，便于歌唱，因而对声韵有近乎严苛的要求。

后人多将宋词分为婉约派和豪放派。婉约派以柳永的《雨霖铃》为代表，而豪放派则如苏轼的《定风波》。无论是婉约派的迎合市民各阶层，还是豪迈派的抒情述志，总体都呈现出从关注国家命运转向注重个人生活的委婉含蓄之状。

词以境界为最上。有境界则自成高格，自有名句。五代、北宋之词所以独绝者在此。

——王国维

王国维在《人间词话》中提道，古今之成大事业、大学问者，必经过三种之境界：昨夜西风凋碧树，独上高楼，望尽天涯路，此第一境也；衣带渐宽终不悔，为伊消得人憔悴，此第二境也；众里寻他千百度，蓦然回首，那人却在，灯火阑珊处，此第三境也。

第一重境界出自《蝶恋花·槛菊愁烟兰泣露》，作者晏殊，原文如下：

槛菊愁烟兰泣露，罗幕轻寒，燕子双飞去。
明月不谙离恨苦，斜光到晓穿朱户。
昨夜西风凋碧树，独上高楼，望尽天涯路。
欲寄彩笺兼尺素，山长水阔知何处？

第二重境界出自《蝶恋花·伫倚危楼风细细》，作者柳永，原文如下：

伫倚危楼风细细，望极春愁，黯黯生天际。
草色烟光残照里，无言谁会凭阑意。
拟把疏狂图一醉，对酒当歌，强乐还无味。
衣带渐宽终不悔，为伊消得人憔悴。

第三重境界出自《青玉案·元夕》，作者辛弃疾，原文如下：

东风夜放花千树，更吹落、星如雨。
宝马雕车香满路，凤箫声动，玉壶光转，一夜鱼龙舞。
蛾儿雪柳黄金缕，笑语盈盈暗香去。
众里寻他千百度，蓦然回首，那人却在，灯火阑珊处。

传统文化中对于美的追求和体悟从来不是一目了然、所见即得的，而是一个不断渐进、愈发厚重的过程。优美是一种审美体验，主要以直观感觉为主，呈现静态的和谐之美。如百花齐放的绚丽春日，又如鸟鸣虫吟的清幽山林，都给人一种舒适、宁静之感。而壮美，则是传统美学中的一个特定范畴，它通常与优美相对，表现为阳刚、雄伟等外在形式，并由此激发内心的激情与动力，使人们在面对困难或挑战时能够勇往直前。可见，优美与壮美都是我们的审美体验，但是优美让我们感受的是宁静、淡泊与舒适，而壮美则驱动我们不断奋进向前、努力追求卓越。

【学习活动】赏析苏轼的《定风波》，以“/”划分苏轼《定风波》中的三重境界，并用关键词概括各层表达之意。

三月七日，沙湖道中遇雨。雨具先去，同行皆狼狈，余独不觉。已而遂晴，故作此词。

莫听穿林打叶声，何妨吟啸且徐行。竹杖芒鞋轻胜马，谁怕？一蓑烟雨任平生。料峭春风吹酒醒，微冷，山头斜照却相迎。回首向来萧瑟处，归去，也无风雨也无晴。

3. 赏析元曲自然之美

广义的元曲包括元杂剧和元散曲。其中元杂剧是元代文学的精华所在，元散曲是继诗、词后兴起的一种新诗体，因在元代盛行，故被称为“元曲”。

> 元曲之佳处何在？一言以蔽之，曰：自然而已矣。古今之大文学，无不以自然胜，而莫著于元曲。
>
> ——王国维

自然，有本真之意，存在虚与实、有与无的辩证关系。《天净沙·秋思》中，作者通过各种自然物的叠加，构建出凄凉意境。

> 枯藤老树昏鸦，
> 小桥流水人家，
> 古道西风瘦马。
> 夕阳西下，断肠人在天涯。

【学习活动】体会自然之美。尝试用其他自然物改写《天净沙·秋思》，对比体会意境的变化。

4. 赏析汉赋自信之美

赋是中国独有的一种文学样式，产生于战国后期，至汉代达到鼎盛阶段。汉赋主要分为小赋和大赋。小赋一般用于抒情述志，以张衡的《归田赋》为代表；大赋则多用于歌功颂德，如司马相如的《上林赋》。汉赋用铺陈排比的手法展现出大汉帝国的空前强大与中华民族的高度自信，其“曲终奏雅”的讽谏方式所展现的委婉的表达艺术，显露出中华民族平和的民族性格。汉赋对称的结构排列更是中国对称式审美的体现。

汉代盛世场景

【学习活动】查阅并欣赏《上林赋》，体会《上林赋》如何以文章之势彰显气势宏阔，并简要阐述。

____

____

____

____

____

任务三 汲取传统文学精髓

1. 把握文化修养提升路径

在传统文化中，通常以听其言，观其行，达到知其心的目的。所谓听其言而观其行，出自《论语·公冶长》："子曰：'始吾于人也，听其言而信其行；今吾于人也，听其言而观其行。于予与改是。'"一个人的言行不仅体现的是个人行为习惯，还能反映他的道德修养、价值观念等。

诗意的表达既言之有物，又简洁得体，是文与质兼备所内含的中和之美。我们的行为展现应当匹配外界环境，如元曲之自然与情感融为一体，展现了和谐之美。而我们的心境，更应如宋词一般，从有"我"之小，到无"我"之境。当我们言行得体，志向高远，自然流露如赋一般的自信之势。

【学习活动】选择适合自己的文化修养提升之道。从言、行、心出发，客观评价自己在文化修养上的不足，并简要阐述提升路径。

2. 展现个人文化修养

在众多文学体裁中，小说备受年轻人的喜爱。

小说源于上古神话，经历了以《世说新语》为代表的先唐笔记小说、以《长恨传》为代表的唐代传奇小说以及宋元话本小说，直至明清章回小说的发展路径。

不管是哪个时代的哪一部经典小说，它们的共性都是用“人物+经历”的方式进行表达，在经历中展开情节、在言行中塑造人物，这也是小说吸引读者的重要方式。

【学习活动】语言中的修养。根据“选择适合自己的文化修养提升之道”学习活动中对自己文化修养不足的客观评价，结合个人成长发展，细致记录提升自己文化修养的过程。

【学习成果】按要求完成主题为“我们的志向达成之路”的文字表达，形式不限，题目自拟。具体要求详见任务单（见表7-1），评价依据详见评价量表（见表7-2）。

表7-1 任务单

任务目标	提高文字表达能力，提升文学修养
任务内容	完成主题为“我们的志向达成之路”的文字表达
任务要求	1. 以小组为单位完成，文档末尾体现小组成员及其分工，以表格形式呈现小组成员各自的贡献度及理由 2. 以诗之语言凝练表达小组之“志” 3. 以词之境界划分人生发展的各阶段 4. 以曲之自然补充完善发展各阶段的外界环境 5. 以赋之自信描述对美好生活的憧憬 6. 以小说人物及其经历作为载体，描述具体行为 7. 作品命名：专业＋班级＋小组编号及名称＋单元编号＋作品名称
成果形式	文档
完成时间	

表7-2 评价量表

评价要素	优秀（90%～100%）	良好（80%～89%）	中等（70%～79%）	及格（60%～69%）	不及格（低于60%）
符合性（40分）	符合任务单中的7项要求	有1项不满足	有2项不满足	有3项不满足	有4项及以上不满足
合理性（50分）	1. 分工合理明确，贡献度切实 2. 文字表达积极向上，能传达出志向递进的境界之高、阶段发展的和谐之美 3. 成长各阶段的具体行动贴合实际、可操作 4. 行为描述具体，贴合生活实际	有1项不完全满足	有2项不完全满足	有3项不完全满足	有4项不完全满足
态度（10分）	1. 在规定时间内提交 2. 小组分工合作完成				
评价结论					
分要素评价	符合性：	合理性：	态度：		
评价汇总					

随手记

琴棋书画在很多人的眼中都是高雅艺术，人们对它既熟悉又陌生。熟悉的是提到琴棋书画我们总能说得上一二，陌生的是琴棋书画中的智慧之美、修养之美我们却难以谈及。

在古代，琴棋书画被视为君子修身之必备。今天，我们就从提高人格修养的角度再来谈一谈琴棋书画。

琴棋书画

互动一下

你对琴棋书画中的哪一种最感兴趣？

单元八　琴棋书画与人格修养

导读

琴棋书画，被称为“传统四艺”，在古代被视作文人雅士用以修身养性的必需技能，常常用以表示个人修养的境界，也是中国文人抒发情感、追求境界的重要表达方式。现在，让我们以琴棋书画为载体，体悟传统四艺对人格修养的促进作用，不断完善人格修养，展现新时代青年形象。

古人弹琴、下棋、写字、画画场景

互动一下

对于琴棋书画，你知道哪些典故？请列举一二。

学习目标

知识目标：

1. 列举传统艺术的典型代表作品；
2. 理解传统四艺的文化精髓；
3. 阐述传统四艺所体现的人格修养。

能力目标：

1. 能赏析琴棋书画等传统高雅艺术之美；
2. 能关联琴棋书画与个人修养；
3. 能不断修正并展现个人行为。

素养目标：

1. 感受传统艺术之美，主动关注传统艺术；
2. 塑造良好的人格修养；
3. 筑实文化自信的底气。

学习任务

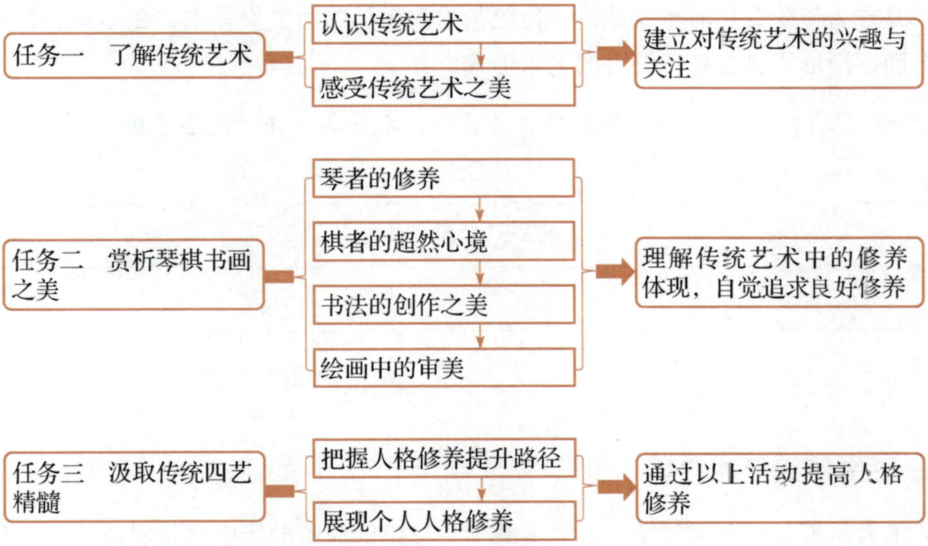

任务一 了解传统艺术

1. 认识传统艺术

艺术是用形象来反映现实但比现实更有典型性的社会意识形态，包括文学、绘画、建筑、雕塑、音乐、舞蹈、戏剧、电影等。

建筑（故宫）

雕塑（秦始皇兵马俑）

传统艺术是各民族传统文化的重要组成部分，承载了丰富的民族情感和深厚的文化内涵，并成为传统文化的重要载体。传统艺术在漫长的历史岁月中，在形式、技巧、审美等方面逐渐形成具有独特魅力的艺术形式。

【学习活动】请列举 1～2 项你熟悉的传统艺术作品，并做简要赏析。

2. 感受传统艺术之美

艺术彰显审美。中国传统艺术之美源于中华民族深厚的历史文化底蕴，它承载着中华民族的智慧、情感和审美追求，展现了中华民族独有的艺术表现手法，蕴含着丰厚的中华文化内涵，并以各种形式绽放出属于自己的光芒。

传统艺术具有代代相传的艺术形式或技艺，其形式丰富多样，反映了特定文化或社会的历史沿袭和文化生活。

【学习活动】举例说明传统艺术之美，并以传统艺术作品为例，阐述你对“各美其美，美美与共”的理解。

互动一下

你知道琴棋书画在传统艺术中的地位吗?

任务二 赏析琴棋书画之美

1. 琴者的修养

中国传统音乐最早用于各种典礼仪式上，比如《诗经》中的《周颂》《鲁颂》《商颂》都是王室宗庙祭祀或举行重大典礼时的乐歌，后来发展为宫廷舞乐之用。到了唐宋时期，以声乐入诗词，传统音乐从此有了文学性。

曾侯乙编钟（湖北省博物馆）

认识古琴

在传统音乐中，有一类独奏器乐因为能够表现文人意识，所以也具有独立的文化意识，古琴便是这类独奏乐器之一。

古琴是我国古老的弹拨乐器，其音色深邃，是演奏中国古典音乐的主要乐器。在中华文化中，琴被赋予文雅之意，人们通过弹琴表情达意，抒发情感，因而琴具有深厚的文化底蕴，成为民族传统音乐的典型代表。

元“风鹤”古琴（浙江省博物馆）

互动一下

你都听过哪些古琴名曲？

【学习活动】《论语·雍也》载：“知者乐水，仁者乐山；知者动，仁者静；知者乐，仁者寿。”在传统文化中，山水被赋予了丰富的文化含义。山崇高、稳定、仁厚、沉着，水灵动、智慧，充满活力。搜索并赏析古琴名曲《高山流水》，并填写表8-1。

表 8-1 传统艺术作品赏析表（一）

赏作品 述感受	观琴者 崇技艺	鉴作品 悟修养

2. 棋者的超然心境

在古代，弈棋是一项代表智慧的艺术，是中华优秀传统文化中的重要符号。弈棋之风在南北朝时期尤为盛行。当时玄学兴起，文人雅士推崇清谈，下围棋被称为“手谈”。“观棋不语真君子，落子无悔大丈夫”是棋者的素养。

宋代诗人艾性夫写下了《观棋》：

挽先岐路不容差，形定心忙寂不哗。
仙客莫嫌春昼短，东风落尽海棠花。

收藏在新疆维吾尔自治区博物馆的《弈棋仕女图》传神地表达了棋者形定心忙的神态。画中弈棋者情态自然大方，表情平和恬静，但内心对于下棋的每一步都认真思考，谋定而后动。

苏轼也作《观棋》：“五老峰前，白鹤遗址。长松荫庭，风日清美。我时独游，不逢一士。谁欤棋者，户外屦二。不闻人声，时闻落子。纹枰坐对，谁究此味。空钩意钓，岂在鲂鲤。小儿近道，剥啄信指。胜固欣然，败亦可喜。优哉游哉，聊复尔耳。”观棋者的形象跃然纸上，超然物外之态可见一斑。

《弈棋仕女图》

《观棋》

【学习活动】搜索“弈棋”相关视频并观看，关注棋者的面部表情和动作细节，按要求填写表8－2。

表8－2 传统艺术作品赏析表（二）

观棋局 述感受	品棋艺 崇技艺	论棋道 悟心境

弈棋对个人修养的启示：________________________________

____

____

____

____

____

____

____

3. 书法的创作之美

书法是最具中国特色的艺术，也是最能代表中国文化走向世界的顶级艺术之一。中国传统文化赋予了书法以人格之美和宇宙之美。

中国伟大的书法家有王羲之、颜真卿、张旭等。王羲之的行书天下第一，其代表作《兰亭集序》线条行云流水，结构极尽变化，万字有别。颜真卿的楷书天下无双，其代表作《颜勤礼碑》字形方正庄严，雍容大度。张旭被称为“草书之圣”，其代表作《古诗四帖》落笔一气呵成，用笔肥厚，字势横壮，人称“伏如虎卧，起如龙跳，顿如山峙，控如泉流。”

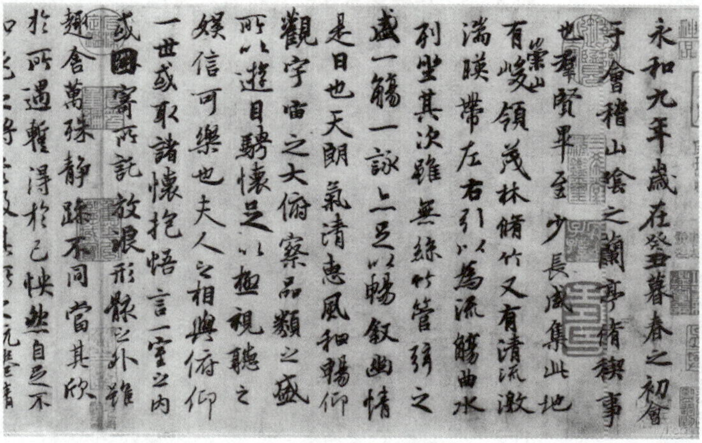

王羲之《兰亭集序》(局部)

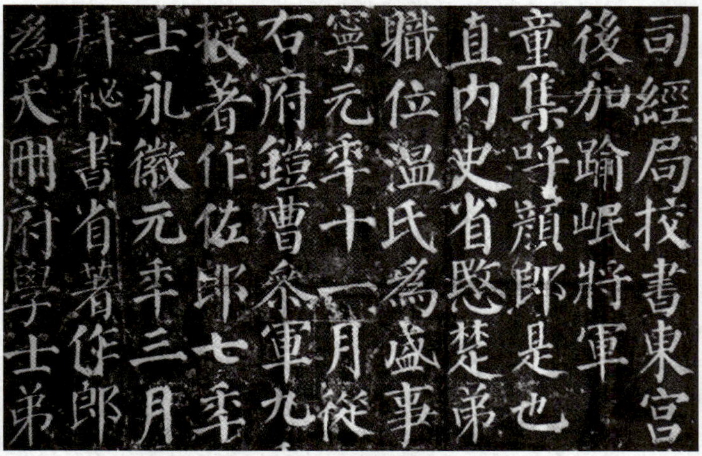

颜真卿《颜勤礼碑》(局部)

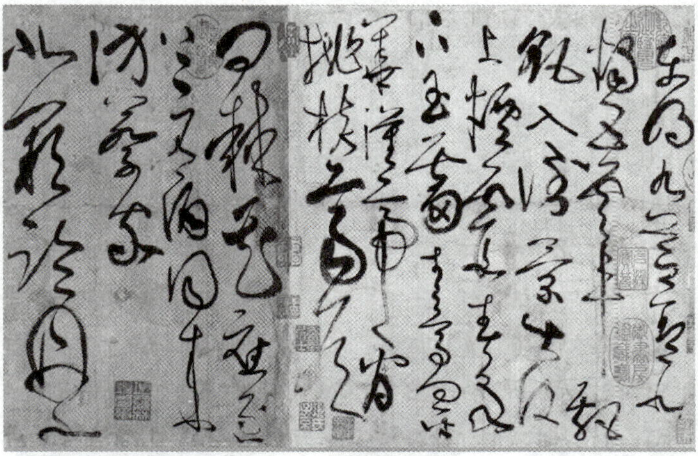

张旭《古诗四帖》(局部)

【学习活动】悟书法中的审美创作，填写表 8－3，用关键词记录个人体悟。

表 8-3　传统艺术作品赏析表（三）

观作品　述感受	品技艺　崇技艺	论创新　悟境界

从风格形成的视角思考王羲之书法对你的启示，以关键词句记录：

4. 绘画中的审美

中国绘画可追溯至远古时期的彩陶纹饰和青铜器纹饰，它们确定了中国绘画“整体构思、以线为主、平面构图”的基本原则。中国古代绘画主要分为宫廷绘画、文人绘画、宗教绘画、市民绘画和民间绘画五类。

彩陶纹饰

青铜器纹饰

【学习活动】搜索一幅你喜欢的画作，赏析并填写表 8-4。

表 8-4 传统艺术作品赏析表（四）

观画作　述感受	品画作　崇技艺	论画作　悟境界

认真观察画作的完整创作过程，谈谈对你的启示，以关键词句记录：

____

____

____

____

____

____

任务三 汲取传统四艺精髓

1. 把握人格修养提升路径

琴棋书画对于中国传统文化而言，不仅是艺术表现形式，更是个人修养的重要载体。传统四艺各自承载和体现的文化内涵及深邃哲理，让人在习艺过程中不知不觉提升个人修养。

琴是中国古代音乐文化的精髓，棋是民族智慧的体现，胜固欣然、败亦可喜。书法是古代常见的艺术形式，是习练者厚积薄发的个性创造。绘画是从观察到构思，从布局到创作，直至作品完成呈现的知行合一。

【学习活动】选择适合自己的文化修养提升之道，从心态、思维、创造、行为四个层面客观评价自己在文化修养上的不足，并简要阐述提升路径。

2. 展现个人人格修养

人格修养是一个长期、持续、渐进的过程，主要包括塑造个人品德、性格和行为习惯等方面。人格修养是终身发展的重要组成部分，能体现一个人的品位与价值。当代青年应该在学习和实践中不断提高个人人格修养。

【学习活动】任选琴棋书画之一，以“琴棋书画对个人人格修养的启示”为主题，进行创意表达。

【学习成果】按要求完成主题为“琴棋书画对个人人格修养的启发”视频，题目自拟。具体要求详见任务单（见表 8-5），评价依据详见评价量表（见表 8-6）。

表 8-5 任务单

任务目标	提升个人人格修养
任务内容	制作主题为“琴棋书画对个人人格修养的启发”视频
任务要求	1. 以小组为单位完成，体现小组成员及其分工，以表格形式呈现小组成员各自的贡献度及理由 2. 呈现视频完成过程记录 3. 以行为呈现学习传统四艺前后个人人格修养的变化 4. 展现传统四艺带给你的个人审美提升 5. 作品命名：专业＋班级＋小组编号及名称＋单元编号＋作品名称
成果形式	视频
完成时间	

表 8-6 评价量表

评价要素	优秀 (90%～100%)	良好 (80%～89%)	中等 (70%～79%)	及格 (60%～69%)	不及格 (低于 60%)
符合性 (40 分)	符合任务单中的 5 项要求	有 1 项不满足	有 2 项不满足	有 3 项不满足	有 4 项不满足
合理性 (50 分)	1. 分工合理明确，贡献度切实 2. 呈现的行为体现了平和心境、思维格局、厚积薄发、知行合一 3. 体现出琴棋书画的艺术之美 4. 有吸引力和观赏性	1. 前述第 1、2、4 项中有 1 项不完全满足 2. 前述第 3 项中的琴棋书画的艺术之美中，有 1 个方面未能体现	1. 前述第 1、2、4 项中有 1 项不完全满足 2. 前述第 3 项中的琴棋书画的艺术之美中，有 2 个方面未能体现	1. 前述第 1、2、4 项中有 2 项不完全满足 2. 前述第 3 项中的琴棋书画的艺术之美中，有 2 个方面未能体现	1. 前述第 1、2、4 项中有 2 项不完全满足； 2. 前述第 3 项中的琴棋书画的艺术之美中，有 3 个方面未能体现
态度 (10 分)	1. 在规定时间内提交 2. 小组分工合作完成				
评价结论					
分要素评价	符合性：	合理性：	态度：		
评价汇总					

随手记

你了解陶瓷制作吗？你知道刺绣艺术吗？你听说过木雕、竹编和皮影吗？陶瓷因最早产于中国，在欧洲被译为“china”；漆器明明也起源于中国，可是为什么被译为“japan”呢？今天，我们时常提到的非遗传承、匠人精神又有哪些表现？

互动一下

你能举例说明传统技艺的文化价值吗？

单元九　传统技艺与工匠精神

导读

传统技艺通常指那些经过世代传承、具有悠久历史和深厚文化底蕴的技艺。传统技艺同样承载了中华民族的精神与智慧，是中华文化的重要组成部分。通过本单元的学习，我们可以了解传统技艺，学习传统技艺中蕴含的民族智慧和工匠精神，体悟文化传承的实践价值，进而自觉传承优秀传统文化，展现文化自信。

互动一下

你能准确地说出下图中传统技艺的名称吗？

传统技艺

学习目标

知识目标：

1. 正确列举各地典型传统技艺；
2. 清晰说明剪纸作品的赏析路径；
3. 举例说明传统技艺作品体现的优秀传统文化思想。

能力目标：

1. 能解读剪纸作品的文化寓意，体悟剪纸内蕴的优秀传统文化思想；
2. 能提炼传统技艺作品的赏析路径；
3. 能讲好家乡传统技艺故事。

素养目标：

1. 欣赏剪纸艺术之美；
2. 体悟并自觉传承工匠精神；
3. 讲好家乡文化故事，主动传播家乡文化。

学习任务

任务一　了解传统技艺
- 明确传统技艺的概念
- 举例说明传统技艺的地域性
- → 匹配各地不同的传统技艺

任务二　赏析剪纸之美
- 走进剪刻艺术
- 了解剪纸技艺
- 赏析剪纸作品
- 提炼技艺美的赏析路径
- → 掌握剪纸作品赏析路径

任务三　汲取传统技艺中的文化精髓
- 分享家乡传统技艺
- 讲好传统技艺故事
- → 传播家乡文化

任务一 了解传统技艺

1. 明确传统技艺的概念

传统技艺是指那些具有悠久历史文化背景的技术或技能，通常需要经过深入的研究和学习才能掌握。这些技艺往往是在民间传承下来的，每一门技艺都带有其独特的民族印记。中国的传统技艺非常丰富，包括剪纸、陶艺、年画、皮影、刺绣、变脸、泥塑、木刻、木雕、舞龙、戏曲等。

传统技艺

【学习活动】请从传统技艺的实用性与生活性出发，阐述传统技艺为什么主要在民间传承。

2. 举例说明传统技艺的地域性

各地传承的传统技艺各具特色，也就是说，传统技艺具有地域性。

传统技艺的地域性是指传统技艺与特定地区的自然生态环境、文化习俗以及生产生活方式等密切相关，从而呈现各不相同的地方特色。这种地域性不仅体现在表现形式和作品风格上，还体现在技艺所使用的材料、工具以及制作流程等方面。当然，其中也反映出不同地域的文化特色、审美差异和艺术风格。

以剪纸为例，总体来看，南方剪纸多柔美、灵动，其构图相对简洁，线条圆柔。北方剪纸则原始粗犷、造型古朴、形态多样，展现出北方人民豪放的性格特征。

山西剪纸

扬州剪纸

南北剪纸比较

传统技艺的地域性正是中华文化多元包容的体现，也是各民族、各地区劳动人民智慧的结晶和创造力的展现，这些技艺在世代传承与发展过程中，不断吸收、融合当地文化元素，从而形成独具特色的地方文化符号，成为地方文化的标识。

【学习活动】连线匹配。

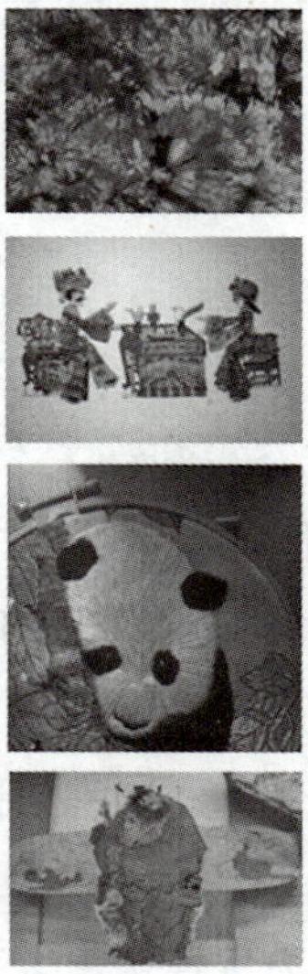

山东潍坊风筝

河湟皮影戏

贵州扎染技艺

蜀绣

各地传统技艺

任务二 赏析剪纸之美

1. 走进剪刻艺术

剪刻艺术主要由剪纸、刻纸、皮影、剪贴画、石刻画等组成，是中国古老的民间传统艺术之一。

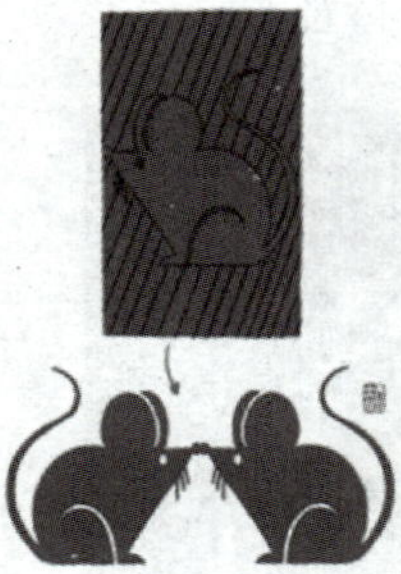
剪纸

刻纸

皮影

剪贴画

石刻画

剪刻艺术

剪刻艺术主要以剪、刻为造型手段，突出表现作品的细节，展现精湛的技巧。剪刻艺术作品细腻秀美、线条流畅、立体感强，且文化寓意丰富。

【学习活动】从剪刻艺术分类中任选其一，简要说说你对它的认识。

2. 了解剪纸技艺

剪纸技艺起源于古代，甚至是在纸张还没有出现之前。最早的剪纸是以树皮、树叶、兽皮等作为材料进行剪刻，后来又在丝织品上做镂空等装饰艺术。随着纸的发明和普及，剪纸材料开始转移到纸上，得到更为广泛的应用发展。

从严格意义上来讲，真正的剪纸艺术起源于魏晋时期。唐代是剪纸发展的高峰，不仅剪纸题材更为丰富，剪纸技法也更加成熟。唐代的剪纸多出现在宫廷之中。到了宋朝，随着经济文化的繁荣发展，剪纸因其工艺精美和美好寓意而受到更多人的欢迎，开始以商品的形式进入大众视野。在元代，剪纸艺术走出国门，远传欧洲。明清时期，剪纸艺术得到进一步的普及和发展，进入寻常百姓家，成为百姓文化生活的一部分。

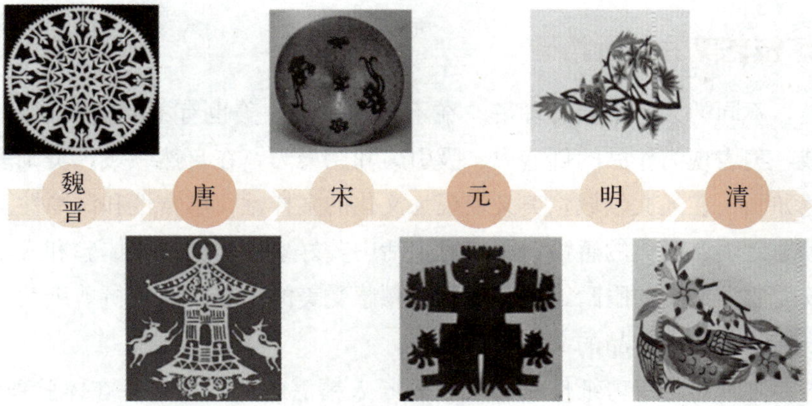

剪纸的发展历程

【学习活动】判断：剪纸技艺的出现早于纸张的出现。（　　）

3. 赏析剪纸作品

传统的剪纸作品题材内容丰富，多来源于吉祥观念、戏曲、民间习俗等. 主要用来表达人们的情感生活和对美好生活的向往。

剪纸的基本工具包括剪刀、刻刀、蜡盘、裁纸刀、铅笔、彩纸等。剪纸的技法主要有阴刻、阳刻等，多以镂空、对称的方式展现剪纸之美。

【学习活动】赏析剪纸作品《金玉满堂》，填写表 9－1。

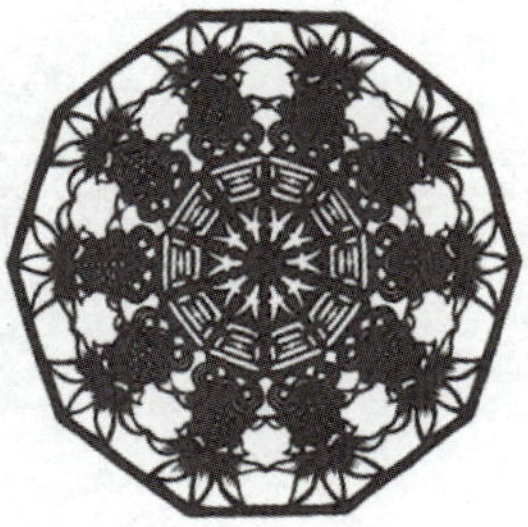

《金玉满堂》

表 9－1　剪纸技艺赏析

赏外观　析寓意	践技艺　谈内涵	品传承　悟精神

4. 提炼技艺美的赏析路径

关于美，不同的人有不同的理解。在不同的领域，美也有不同的表现形式和内涵。在艺术领域，美表现为作品的创造力、吸引力和感染力；在自然领域，美则表现为山川壮美或景色如画；在人文领域，美又表现为文化的多样性、丰富性和深厚性。

感悟形态之美：对美的感悟，源自对生活中美好事物的觉察、体验和理解。想要感悟美，不仅需要发现美的眼睛，更需要有一颗感受美的内心。以赏析剪纸为例，从剪纸图案中可以感受到剪纸作品的文化寓意之美。

谈论内涵之美：对于剪纸作品所展现的匠人精湛的剪纸技艺，在体验剪纸过程后，不仅能更好地体会劳动人民追求美、表达美的心愿，还能更好地理解其中蕴含的哲理。

体悟精神之美：剪纸技艺在传承中不断创新发展，在发展中展现出工匠精神。

【学习活动】根据欣赏传统技艺的路径，赏析剪纸作品《三羊开泰》。

《三羊开泰》

任务三 汲取传统技艺中的文化精髓

1. 分享家乡传统技艺

我国地大物博，各地传统技艺丰富多彩，比如浙江龙泉青瓷、山东潍坊风筝、四川蜀锦蜀绣等，不仅体现了我国悠久的历史文化，也展现了不同的地域风情。

【学习活动】请用文字介绍你家乡的一项传统技艺。

2. 讲好传统技艺故事

讲好传统技艺故事，既是传承优秀传统文化，也是弘扬工匠精神。通过技艺创新发展、工匠精神传承等故事传播，可以让更多的人知晓并喜爱传统技艺。

【学习活动】小组确定一项典型传统技艺，讨论讲好传统技艺故事的思路，并撰写故事提纲。

【学习成果】请以“推广家乡的传统技艺”为主题进行传统技艺宣传，具体要求详见任务单（见表9-2），评价依据详见评价量表（见表9-3）。

表9-2 任务单

任务目标	传承工匠精神
任务内容	制作主题为“推广家乡的传统技艺”PPT
任务要求	1. 以小组为单位完成，需以鱼骨图或表格等形式体现组员各自分工、贡献度及评分理由 2. 呈现技艺的核心与独特之处 3. 体现技艺独特的审美思维和文化内涵 4. 展现丰富的精神内涵 5. 作品命名：专业+班级+小组编号及名称+单元编号+作品名称
成果形式	PPT
完成时间	

表9-3 评价量表

评价要素	优秀 (90%～100%)	良好 (80%～89%)	中等 (70%～79%)	及格 (60%～69%)	不及格 (低于60%)
符合性 (40分)	符合任务单中的5项要求	有1项不满足	有2项不满足	有3项不满足	有4项不满足
合理性 (50分)	1. 分工合理明确，贡献度切实 2. 资源丰富、贴切、精美 3. 技艺的独特性令人信服，体现对手艺人的要求 4. 审美思维有依据，文化内涵合理 5. 以手艺人的行为体现其精神传承	有1项不完全满足	有2项不完全满足	有3项不完全满足	有4项及以上不完全满足
态度 (10分)	1. 在规定时间内提交 2. 小组分工合作完成				
评价结论					
分要素评价	符合性：	合理性：		态度：	
评价汇总					

随手记

模块二的主题是体悟传统文化，提升个人修养。我们重读文学经典，在熟悉的诗词曲赋中感知文学之美，有意识地提高个人的文化修养。

琴棋书画是古代文人雅士的必修课，古人以琴端正心性，以棋益智增慧，以书展现人格，以画表达追求。我们赏析古代艺术作品，感悟古人的修身之道，不断完善人格修养。

传统技艺同样是中华文化不可或缺的一部分，文化传承不仅指技艺传承，更强调精神传承。传承发展、守正创新、追求卓越、精益求精，我们通过传统技艺的学习，体悟其中的深刻内涵，对于自己如何传承工匠精神并不断提升职业素养也有了更多思考。

互动一下

请试着描述自己二十年后的职业形象。

单元十 实践教学：为文化精华塑像

活动目的

中华优秀传统文化理论课的实践教学是“中华优秀传统文化”课程教学的重要组成部分。通过本次实践教学，引导学生在对传统文学、艺术、技艺进行审美欣赏时，不断提高个人人格修养，在体悟千行百业以各种不同的形式传承、发展优秀传统文化的过程中汲取智慧力量。

活动设计与实施要求

本次实践教学活动设计与实施如表 10－1 所示。

表 10－1 活动设计与实施

<table>
<tr><td>拟定目标</td><td colspan="2">通过沉浸式展播，旨在引导学生强化文化核心素养，提高学生传承文化的能力，增强学生语言表达、自主学习和团队协作的能力，提升审美品位，同时巩固和加深学生对前期所学理论知识的理解，提升课堂教学的实效</td></tr>
<tr><td rowspan="2">把握关键</td><td>展播主题拟定</td><td>活动过程的控制和评价</td></tr>
<tr><td>根据学习内容，由教师划定选题范围，学生在选题范围内自选展播主题（或教师拟定多个展播主题供学生选择）</td><td>展播作品制作与播放；教师或学生对展播作品进行评审；填写评价表</td></tr>
<tr><td>演讲分组</td><td colspan="2">将教学班学生分成若干小组，指定组长，每组合作选定展播主题、制作展播作品、指定展播人</td></tr>
<tr><td>基本流程</td><td colspan="2">1. 拟定展播选题范围（课前）
2. 说明展播程序和评价要求
3. 小组展播
4. 小组互评、师评
5. 各小组依次展播、评价
6. 填写评价表</td></tr>
<tr><td>时间地点</td><td colspan="2">90 分钟；课堂、课外</td></tr>
<tr><td>注意事项</td><td colspan="2">1. 充分做好展播的各项准备
2. 明确展播的评价标准
3. 教师的总结要有高度</td></tr>
</table>

活动记录

各组在观看展播作品时，可参考表 10－2 和表 10－3 填写。

表 10－2　观看传统技艺展播

（以个人为单位填写）

展播组别	展播主题	择善而从	我的感受
第____组			
第____组			
第____组			
第____组			
第____组			

表 10 - 3 欣赏其他组的修养展现

（以小组为单位填写关键词、句）

展播组别	小组共识的可学之处	探析其他组背后的行动付出	欣赏其他组展现的修养
第____组			
第____组			
第____组			
第____组			
第____组			

随手记

模块小结

传统文学是中华文化的瑰宝，诗词曲赋又是传统文学的典型。在模块二的学习中，我们重温了经典诗词，再度感受了文学之美。

古代文人不仅要求诗词曲赋皆得其妙，更以琴棋书画为修身技能。在赏析琴棋书画中，我们开始领会古人对于理想人格的完善，以及对人格之美的永恒追求。

当然，优秀传统文化不仅存在于高雅艺术，传统技艺也是其重要组成部分。在技艺传承发展中，我们不仅了解到古人的生活日常，更体悟到他们对于技艺传承的坚持、创新发展的探索，以及精益求精的追求。

这些都是我们在守正中坚持、在创新中发展的精神动力。

模块三 传播优秀文化　践行文化使命

文化是一个国家、一个民族的精神家园，体现着一个国家、一个民族的价值取向、道德规范、思想风貌及行为特征。中华优秀传统文化是我们中华民族的精神家园，每一个中华儿女都肩负着文化传承的使命。那么，文化传承到底要传承什么？为什么要传承？如何传承？

互动一下

你认为青年人应当如何传承和弘扬优秀传统文化？

每当谈到中华文化，我们总会用博大精深、源远流长这样的词语来概括。

中华文化到底是什么呢？是前面学过的文化思想、传统文学，还是传统艺术、传统技艺？

其实，优秀传统文化的实质就是中华民族文化精神的具体表现。文化精神，是相较于文化的具体表现形式而言的。

那么，文化的具体表现形式是什么呢？

文化的具体表现形式包括器物、习俗、制度、思想等层面，它们无一不和内在的文化精神相联系。

让我们带着对文化具体表现形式的理解，透过现象看本质，一起来探究传统文化精神。

互动一下

你认为中华文化的基本精神是什么？

单元十一 探究优秀传统文化精神

导读

优秀传统文化精神不仅是文化发展的产物，也是文化发展的内在动力和思想基础。深刻理解优秀传统文化精神，有助于我们更好地传承和践行优秀传统文化。

互动一下

你认为优秀传统文化精神与文化践行之间有何关联？

学习目标

知识目标：

1. 了解文化精神的形成过程；
2. 理解优秀传统文化精神的基本内容；
3. 描述传承优秀传统文化精神的具体行为。

能力目标：

1. 能梳理文化精神的形成过程；
2. 具备阐释优秀传统文化精神主要内容的能力；
3. 能合作探究优秀传统文化精神的意蕴内涵。

素养目标：

1. 高度认同中华优秀传统文化；
2. 自觉传承中华优秀传统文化精神；
3. 主动践行中华优秀传统文化。

学习任务

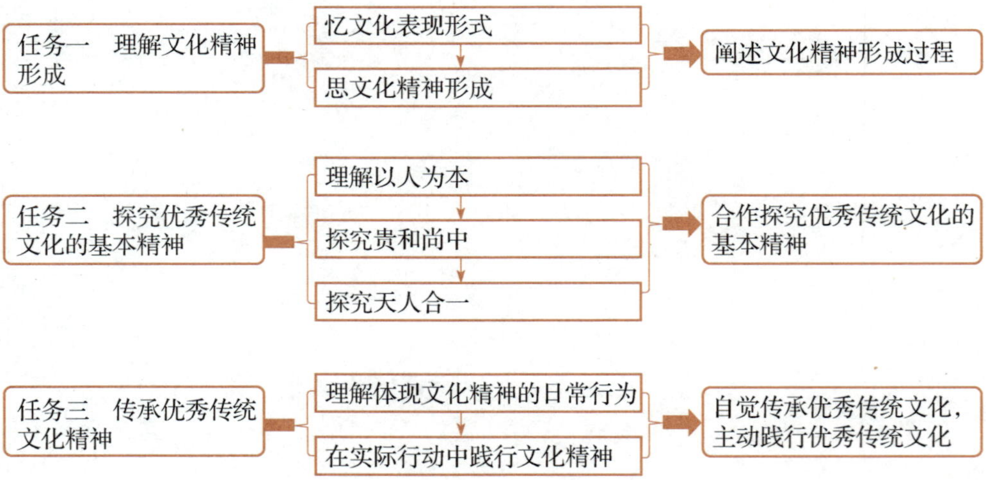

任务一 理解文化精神形成

1. 忆文化表现形式

传统文化的表现形式丰富多样，共同构成传统文化的丰富内涵，体现出文化的魅力与价值，比如前面提到的器物、制度、习惯、思想意识等。

中国器物历史悠久，体现了中华民族深厚的文化底蕴和精湛工艺，也展现出伟大祖先的智慧创造。饮食器皿、酒器、乐器、礼器等都是中国器物的典型代表。

鼎

觞

簠

钟

古代器物代表

【学习活动】请列举2～3种你认为最能代表传统文化的表现形式。

2. 思文化精神形成

你还记得什么是文化吗？

文化是人们在社会实践的过程中，获得和创造的物质与精神财富的总和。文化一定与人有关。

传统文化在漫长的发展过程中，由于人民群众社会实践的不断推动，再由思想家们进行凝练概括，逐渐形成一系列优良的文化传统。这些文化传统不断发展、相互凝聚，进而形成了中华文化的基本精神。

理解中国文化精神

【学习活动】请举例说明传统文化精神的形成过程。

任务二 探究优秀传统文化的基本精神

1. 理解以人为本

以人为本，是指以人为考虑一切问题的根本。以人为本的文化精神是一种尊重人的主体地位的理念，它强调人的核心地位，始终围绕着人生价值目标的揭示以及人的自我价值的实现、实践而展开。

以人为本的文化精神在我国传统文化中有着深厚的根基，奠定了我国传统文化的基调。

以人为本的文化精神在传统文化中又是如何体现的呢？

细数世代传颂的英雄人物——盘古、孔子、文天祥、岳飞，他们无一不是在自我价值的实现、实践中不断完善个人的人格理想的。

盘古

孔子

文天祥

岳飞

世代传颂的英雄人物

【学习活动】选择你喜欢的英雄人物并关联其实现自我价值的突出行为，合作探究以人为本的深刻内涵。

2. 探究贵和尚中

贵和尚中指的是贵和谐，尚中道。贵和是以和为贵、追求和谐；尚中是推崇中庸之道，追求适度、中道。贵和尚中的中国文化是与西方文化截然不同的文化传统。

早在西周末年，史伯就提出：不同的元素相配合，才能使矛盾均衡统一；六律相和，才能形成悦耳动听的音乐。

和实生物，同则不继。以他平他谓之和，故能丰长而物归之。若以同裨同，尽乃弃矣。

——《国语·郑语》

“以他平他”是指把不同事物联结在一起，当不同事物相配合而达到平衡时，就是“和”。

《中庸》载：“喜怒哀乐之未发，谓之中；发而皆中节，谓之和。中也者，天下之大本也；和也者，天下之达道也。致中和，天地位焉，万物育焉。”“中”往往指事物的度，过犹不及。

【学习活动】搜集日常生活中体现“贵和尚中”的现象，合作探究其反映的深刻内涵。

3. 探究天人合一

中国文化历来重视人与自然的和谐统一，天人合一思想早在先秦时期就已经产生，并逐渐演化，直至北宋著名哲学家张载正式提出。

古代的天人合一思想，强调的是人与自然的统一、人的行为与自然的协调、道德理性与自然理性的一致。它既讲求人应当顺应自然、把握规律，也讲求人的精神、行为与外在自然的一致。关于后者，庄子的《庖丁解牛》中有所体现。

【学习活动】搜集体现“天人合一”的典型社会现象，合作探究其深刻内涵。

中国文化的基本精神，实质上就是中华民族的民族精神。从广义上来说，民族精神是指导民族延续发展、不断前进的精粹思想，是民族文化的主导思想；就其性质而言，它是一种伟大的、卓越的精神；就其表现形式而言，它渗透在民族文化的优秀传统之中。

文化精神本身也是文化发展的产物，并且随着文化的发展演变而发展变化，不断丰富和深化自己的思想内涵。因此，中国文化的基本精神在传统文化中起了主导作用，主要内容则是我们所学的“以人为本”“贵和尚中”“天人合一”，这三个方面的内容实际上也是我们处理人与人、人与社会、人与自然关系的重要准则。

【学习活动】结合自身行为或经历，阐释文化精神的主要内容。

任务三 传承优秀传统文化精神

1. 理解体现文化精神的日常行为

当学习过儒道文化思想之后，我们便不难发现生活处处皆文化。这些文化现象的背后，体现的是文化精神。从某种意义上来说，传承优秀传统文化，实则是要传承优秀文化精神。

【学习活动】请搜集能体现优秀文化精神的典型案例，并结合自身实际谈谈这些典型案例对你的影响。

2. 在实际行动中践行文化精神

【学习活动】请结合自身实际，具体谈谈如何践行优秀传统文化精神。

【学习成果】按要求绘制“中华文化精神传承”图谱，具体要求详见任务单（见表11-1），评价依据详见评价量表（见表11-2）。

表11-1 任务单

任务目标	自觉传承中华文化精神
任务内容	绘制“中华文化精神传承”图谱
任务要求	1. 图谱内容：包括五种以上承载文化精神的文化现象；有对应传承文化精神的具体行为；用关键词正确标注引导行为背后的文化思想 2. 整体呈现：图文并茂、表达简明、逻辑清晰，能以图谱的形式将思考过程具象化 3. 文化传承：个人行为要体现传承文化精神 4. 分工要求：以小组为单位完成任务，文档末体现小组成员组成及个人分工 5. 作品命名：专业+班级+小组编号及名称+单元编号+作品名称
成果形式	图谱
完成时间	

表11-2 评价量表

评价要素	优秀（90%～100%）	良好（80%～89%）	中等（70%～79%）	及格（60%～69%）	不及格（低于60%）
符合性（40分）	符合任务单中的5项要求	有1项不满足	有2项不满足	有3项不满足	有4项及以上不满足
合理性（50分）	1. 中华文化精神表达精准，正确对应 2. 文化现象、思想、精神对应匹配 3. 小组分工合理、明确，贡献度切实 4. 传承行为切实并合理体现对应文化精神 5. 传承行为符合不同阶段的成长发展要求	有1项不完全满足	有2项不完全满足	有3项不完全满足	有4项及以上不完全满足
态度（10分）	1. 在规定时间内提交 2. 小组分工合作完成				
评价结论					
分要素评价	符合性：	合理性：		态度：	
评价汇总					

随手记

你知道价值观是什么吗？

中华优秀传统文化是涵养社会主义核心价值观的源泉。那么，价值观在优秀传统文化中处于什么地位呢？当我们想深入探究中华文化时，其中的价值取向、价值关系、价值系统都不可忽视。

那么，中华文化的价值系统又是什么呢？

我们知道“先天下之忧而忧，后天下之乐而乐”，也追随“朝闻道，夕死可矣”，更坚信“天下兴亡，匹夫有责”这当中反映出怎样的价值取向？今天的我们又当如何践行价值观？

带着这些疑问，让我们一起走进传统文化的价值系统。

互动一下

你对善恶美丑有自己的判断吗？判断的标准是什么？

单元十二　追寻传统文化中的价值观

导读

中国传统文化在历史发展的过程中，通过对天人关系、群己关系、义利关系、理欲关系等进行规定、制约，逐渐展示出自己的价值观念。价值观念影响着我们对于善恶美丑最基本的看法。深刻理解和把握优秀传统文化中的价值观念，有助于我们更好地践行价值观。

互动一下

你认为当代大学生应当如何践行文化价值观？

学习目标

知识目标：

1. 认识传统文化与价值观；
2. 理解传统文化中的价值观；
3. 描述文化价值观的行为表达。

能力目标：

1. 能阐释传统文化中的真善美；
2. 能合作探究真善美的文化内涵；
3. 能展现体现文化价值观的个人行为。

素养目标：

1. 高度认同中华优秀传统文化；
2. 主动追寻真善美；
3. 自觉践行文化价值观。

学习任务

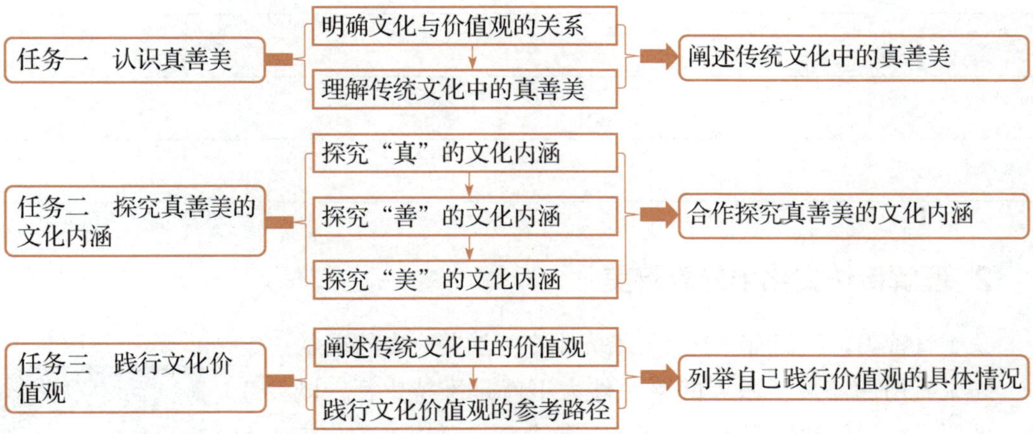

任务一 认识真善美

1. 明确文化与价值观的关系

人们对“价值观”这个词语并不陌生，可当问及价值观是什么时，很多人却又难以说清。

价值观作为一种评价性的观点，它不仅涉及现实世界的意义，同时还指向理想的境界。它总是奠基于人的历史需要，体现人的理想，蕴含着一般的评价标准，展示为一定的价值取向，外化为具体的行为规范，并作为稳定的思维定式、倾向、态度，影响着广义的文化演进过程。

文化可以看作价值理想的外化或对象化。文化的各个层面都受到价值观的内在制约。可以说，价值观就是文化的核心，并强烈影响着社会和人的行为。中华传统文化在历史发展的过程中逐渐展示出代表中华民族的价值观念，并在主流思想学派的价值原则中自觉形成。

【学习活动】“中华优秀传统文化是涵养社会主义核心价值观的源泉”，请简要阐释你对这句话的理解。

____

____

____

____

____

2. 理解传统文化中的真善美

关于真善美，我们看一看朱光潜先生在《谈美》中的观点：

朱光潜

先说实用的态度。做人的第一件大事就是维持生活。既要生活，就要讲究如何利用环境。“环境”包含我自己以外的一切人和物在内，这些人和物有些对于我的生活有益，有些对于我的生活有害，有些对于我不关痛痒。我对于他们于是有爱恶的情感，有趋就或逃避的意志和活动。这就是实用的态度。实用的态度起于实用的知觉，实用的知觉起于经验。

科学的态度则不然。它纯粹是客观的，理论的。所谓客观的态度就是把自己的成见和情感完全丢开，专以“无所为而为”的精神去探求真理。理论是和实用相对的。理论本来可以见诸实用，但是科学家的直接目的却不在于实用。

在实用的态度中和科学的态度中，所得到的事物的意象都不是独立的、绝缘的，观者的注意力都不是专注在所观察事物本身。注意力的集中，意象的孤立绝缘，便是美感的态度的最大特点。

实用的态度以善为最高目的，科学的态度以真为最高目的，美感的态度以美为最高目的。在实用态度中，我们的注意力偏在事物对于人的利害，心理活动偏重意志；在科学的态度中，我们的注意力偏在事物间的互相关系，心理活动偏重抽象的思考；在美感的态度中，我们的注意力专在事物本身的形象，心理活动偏重直觉。真善美都是人所定的价值，不是事物本身所具有的特质。离开人的观点而言，事物都浑然无别，善恶、真伪、美丑就漫无意义。真善美都含有若干主观的成分。

【学习活动】请结合所学的中华优秀传统文化知识，代入木商、植物学家、画家的职业身份，从传统文化视角阐释你对真善美的理解。

任务二 探究真善美的文化内涵

1. 探究“真”的文化内涵

“真”的含义：
- 本性，本来面目。
- 真实，真正。
- 实授官职。
- 的确，确实。
- 肖像。
- 汉字的一种书写形体，即楷书。

从人格境界来看，“真”与“伪”相对立。道家赋予理想人格更多“真”的品格。在道家看来，理想人格是融天地万物为一体的（注意：这里的“一体”，更多指的是一种精神境界，是让个体与外界、小我与大我达到内在的统一）。它既是一种逍遥自由的人格，又以合规律性为前提。

道家的理想人格

【学习活动】选择学习上的榜样及典型行为，探究“真”的文化内涵。

2. 探究“善”的文化内涵

“善”的含义：
- 美好。与“恶”相对。
- 友好，亲善。
- 爱惜，喜好。
- 擅长，善于。
- 容易，易于。
- 揩拭。
- 通“膳”。
- 姓。

在传统文化中，儒家非常强调德性的“善”。在儒家看来，善是以广义的仁道精神为内容的。于自身而言，“克己复礼为仁”（《论语·颜渊》）。“仁”是一种完美的德性，是一种对“善”的追求。

【学习活动】选择道德上的楷模及典型行为，探究“善”的文化内涵。

3. 探究“美”的文化内涵

“美”的含义：
- 味美，甘美。
- 美丽，漂亮。
- 美好，完善。
- 善。与“恶”相对。
- 赞美，以……为美。

【学习活动】选择道德上的楷模及典型行为，探究“美”的文化内涵。

任务三 践行文化价值观

1. 阐述传统文化中的价值观

【学习活动】结合自身实际，阐释传统文化中的价值观。

阐释传统文化中的真善美

2. 践行文化价值观的参考路径

【学习活动】请搜集能体现践行文化价值观的榜样人物，并结合自身经历谈谈你如何践行文化价值观。

【学习成果】按要求制作"践行文化价值观"电子影像册，具体要求详见任务单（见表12-1），评价依据详见评价量表（见表12-2）。

表12-1　任务单

任务目标	自觉践行文化价值观
任务内容	制作"践行文化价值观"电子影像册
任务要求	1. 图片内容：包含个人"真善美"的具体行为，数量应在5个以上 2. 整体呈现：体现对"真善美"内涵的理解 3. 审美表达：整体美观，展现小组审美 4. 小组合作：以小组为单位完成，每个成员均出镜 5. 作品命名：专业＋班级＋小组编号及名称＋单元编号＋作品名称
成果形式	电子影像册
完成时间	

表12-2　评价量表

评价要素	优秀 (90%～100%)	良好 (80%～89%)	中等 (70%～79%)	及格 (60%～69%)	不及格 (低于60%)
符合性 (40分)	符合任务单中的5项要求	有1项不满足	有2项不满足	有3项不满足	有4项及以上不满足
合理性 (50分)	1. 体现"真善美"的行为能全面展现 2. 正确体现"真善美"的内涵 3. 电子影像册具有可观赏性及一定程度的代表性 4. 展现审美 5. 分工合理、制作规范	有1项不完全满足	有2项不完全满足	有3项不完全满足	有4项及以上不完全满足
态度 (10分)	1. 在规定时间内提交 2. 小组分工合作完成				
评价结论					
分要素评价	符合性：	合理性：		态度：	
评价汇总					

随手记

地方文化同样是中华文化的重要组成部分。通过前面的学习，我们既认识了中华文化的丰富多样，也理解了其中蕴含的精神内涵和价值系统。各地方文化因各地物质基础、生产劳作方式的不同而有所不同，体现在人们的思维方式和行为习惯上也有所差异，互有差异的地方文化共同形成了中华文化多元一体的特点。

当我们背上行囊，远赴他乡求学，潜移默化中也会受到当地文化的浸润和感染。认识地方文化、理解地方文化的精神内涵，有助于我们更好地融入他乡。

互动一下

你关注过求学所在地的文化吗？

单元十三 挖掘地方文化

导读

地方文化是中华优秀传统文化的重要组成部分，它们对于文化传承、促进地方经济社会的发展、丰富民众精神生活等起着重要作用。挖掘地方文化，不仅能让我们了解所在地文化，感受文化对于城市发展的影响，更能在挖掘和践行中以自身行动不断丰富、创新文化。

互动一下

你了解自己家乡或者求学所在地的文化吗？请简要介绍。

学习目标

知识目标：

1. 探究地方文化发展历程；
2. 阐述地方文化精神；
3. 大致介绍当地文化。

能力目标：

1. 能对地方文化元素进行梳理和排序；
2. 能合作探究地方文化的精神内涵；
3. 能策划地方文化故事的挖掘与传播。

素养目标：

1. 体悟地方文化的精神内涵；
2. 传承发展优秀地方文化；
3. 传播优秀地方文化故事。

学习任务

任务一　阐述城市文化发展历程	描述城市文化印象 → 梳理地方文化发展历程	按时间先后为地方文化元素排序
任务二　探究地方文化的精神内涵	归纳文化探析路径 → 探析地方文化精神	合作探究地方文化精神内涵
任务三　传播地方文化	调研地方文化；创作地方文化故事	策划地方文化故事的挖掘与传播

任务一 阐述城市文化发展历程

1. 描述城市文化印象

于一座城市而言，各个时期的文化遗存就像一卷卷档案、一部部史书，记录着它的沧桑岁月。每一座城市在每一个时代都会留下属于自己的记忆，城市中的古代遗址、传统建筑、历史街区，以及民间艺术和市井生活等，都是构成一个城市记忆的重要因素。

以蒙溪河考古遗址所在地——资阳为例。资阳有很多名片，比如成渝之心、巴蜀门户、蜀人原乡……

这里是“资阳人”的故乡，这里也出土了汉代第一车——铜车马，这里厚重的历史人文等待着我们细细探索。

车马文化

【学习活动】回忆你知道的资阳人文景观，描述你印象中的资阳。

2. 梳理地方文化发展历程

每一座城市都有它的传奇来历。以资阳为例，你知道资阳起源于何时吗？

其实，答案就隐藏在上古神话中。关于大禹治水的故事，大家都很熟悉。在大禹治水的队伍中，有一位身份高贵的人物，那就是尧帝九太子姬资。他因协助大禹治水有功，被分封到沱江流域，在莲花山下、沱江北岸建立“资国”。

有史料记载的资阳，最早置县于西汉武帝时期。资阳文化有着漫长的发展历程，具体如下图所示。

35000年前，“资阳人”打石为斧，断木为器，临资水栖居、渔猎，开启了中国旧石器古人类“智人”“资阳人”时代

25000年前，“资阳人”一部溯沱江而上，在简阳康家河沿岸建立了“龙垭人”部落

25000—10000年前，“资阳人”一部又迁到今雁江区小院镇孙家坝鲤鱼桥一带繁衍生息，创造了“鲤鱼桥文化”

东周内史大夫苌弘（约公元前580年—公元前492年）为资阳人，他通晓天文、历律和谶纬，还擅长音律，留下了“孔子访苌弘”“碧血丹心”等传奇故事

汉武帝建元六年（公元前135年），汉武帝开发“西南夷”，并置古资中县，隶犍为郡，治所在今资阳城

西汉谏议大夫、文学家、辞赋家王褒（约公元前90年—公元前51年）作《九怀》《僮约》，写《中和》《乐职》等，引宣帝文坛之风气

东汉经学家、五官中郎将董钧（约公元前13年—公元63年），资阳三贤之一，学识渊博，知古通今。他教导民众学会孝悌、逊顺、谦俭，建立了养生送死制度，授徒讲学，世人称其为“通儒”

北周武成二年（560年），迁资州治于资中故城，置资中郡，改置资中县为资阳县，州郡县同城而治

926年，前蜀主王妃花蕊夫人被杀，归葬资阳莲花山

资阳文化发展历程

【学习活动】请用自己的话简要叙述资阳文化发展历程。

任务二　探究地方文化的精神内涵

1. 归纳文化探析路径

了解地理环境对文化发展的影响，有助于我们更好地理解地方文化。地理环境一般分为自然环境、经济环境和社会文化环境。不同的地理环境与物质条件，使得各地的人们形成了不同的生活方式与思想观念，久而久之，就形成了不同的风俗习惯。

在中华大地上，因高原、平原、丘陵等地理环境不同，生活在不同环境下的人们在实践过程中渐渐形成不同的生产生活方式，进而推动了地方文化的形成。

一般来说，文化探析的路径可简要归纳如下：地理环境→生产生活方式→文化传统→精神凝聚。

【学习活动】请用文化探析路径来分析你家乡的文化特征。

2. 探析地方文化精神

【学习活动】根据文化探析路径，结合资阳地理环境，分析资阳文化的形成过程。

任务三 传播地方文化

1. 调研地方文化

【学习活动】结合表 13－1 的任务单，调研地方文化。

表 13－1 主题调研计划任务单

任务名称	×××主题调研（自拟）
任务内容	传播地方文化
任务要求	1. 列举“创作地方文化故事”必需的所有事项，绘制鱼骨图 2. 在鱼骨图上标注成员分工及对应成果（明确每人分工及提交内容） 3. 标注调研内容、创作故事各部分的具体调研对象及方法（列出关键词，汇报时能说清即可） 4. 做好相关预案 5. 准备好下次课用 3～5 分钟以 PPT 形式展示汇报
组织形式	以小组为单位完成
完成时间	下次课之前
成果形式	以 PPT 形式面向全班展示
备注	

2. 创作地方文化故事

【学习活动】结合任务单（见表 13－2）挖掘地方文化，进行地方文化故事创作。

表 13－2 任务单

任务目标	自觉传承地方文化精神
任务内容	创作地方文化故事
任务要求	1. 标题：体现主题、蕴含观点、富有新意 2. 故事框架：逻辑清晰、观点明确 3. 观看《朗读者》《风物》等纪录片，揣摩故事叙述方式，结合小组实际，创作完善故事，形成剧本式故事汇报文稿 4. 对故事进行再加工处理（符合 PPT 汇报需求的图文） 5. 作品命名：专业＋班级＋小组编号及名称＋单元编号＋作品名称
成果形式	文稿
完成时间	

【学习成果】按要求传播地方文化故事，具体要求详见表 13－3，评价量表见表 13－4。

表 13－3 任务单

任务目标	主动传播地方文化
任务内容	传播地方文化
任务要求	1. 以“传播文化”为主题进行网络搜索，了解各类传播媒介，匹配一种适合作品主题及内容的传播媒介，用于资阳文化传播 2. 结合所创作地方文化故事的内容、情节进行传播设计，注意体现故事完整性、时间合理性、传播有效性等 3. 传播主题正确、内容准确，能体现对中华优秀传统文化的传承发展 4. 小组成员要发挥所长，明确分工，各司其职，能在作品传播中看到成员参与 5. 克服各种困难，形成传播资阳文化故事的具体方案
成果形式	数字作品、文稿等
完成时间	

表 13－4 评价量表

评价要素	优秀 (90%～100%)	良好 (80%～89%)	中等 (70%～79%)	及格 (60%～69%)	不及格 (低于 60%)
符合性 (40 分)	符合任务单中的 5 项要求	有 1 项不满足	有 2 项不满足	有 3 项不满足	有 4 项及以上不满足
合理性 (50 分)	1. 传播媒介选择恰当，传播方式合理有效 2. 传播内容主题鲜明，符合主流价值观；能体现自我志向融入地方发展的美好展望 3. 传播内容有故事性，时长合理，能有效传播；内容完整，材料使用准确，能体现小组对课程学习、实地调研、创作任务的成果转化 4. 作品展现资阳地方文化的精神内涵 5. 作品有小组所有成员的行为呈现；能展现小组集体智慧	有 1 项不完全满足	有 2 项不完全满足	有 3 项不完全满足	有 4 项及以上不完全满足
态度 (10 分)	1. 在规定时间内提交 2. 小组分工合作完成				
评价结论					
分要素评价	符合性：	合理性：		态度：	
评价汇总					

随手记

中华文化是一个动态发展的概念，前期我们通过典籍学习、经典赏析等方式对传统文化已有了大致了解。除此之外，风俗人情、道德规范等也是传统文化的组成部分，而这些都是以非文本的形态出现在社会生活中的。接下来，我们将研读典籍和社会实践结合起来，将所学与所观进行比照，促进思考，在体悟中践行文化，在行动中展示风采。

互动一下

你认为当代大学生应该如何践行优秀传统文化？

单元十四　实践教学：一方水土养一方人

活动目的

本次实践教学活动以“一方水土养一方人”为主题，旨在通过引导学生更加深入地了解家乡风土人情，传承优秀文化，培养学生对地方文化的兴趣和热爱，强化文化应用与践行能力，增强传承优秀传统文化的主动性，展现当代大学生风采。

活动设计与实施要求

本次实践教学活动设计与实施如表 14－1 所示。

表 14－1　活动设计与实施

拟定目标	通过沉浸式展播，引导学生热爱地方文化，强化文化核心素养，提高传承文化能力，增强学生语言表达、自主学习和团队协作的能力，提高审美品位，巩固和加深前期所学理论知识，提升课堂教学实效	
把握关键	展播选题拟定	活动过程的控制和评价
	根据学习内容及生源地分布，由教师大致限定选题范围，学生在选题范围内自选展播选题（或教师拟定多个展播选题供学生选择）	展播资源制作与播放；教师或学生对展播作品进行评审；填写评价表
演讲分组	将教学班分成若干小组，指定组长，每组合作选定展播主题、制作展播资源、指定展播人	
基本流程	1. 拟定展播选题范围（课前） 2. 说明展播程序和评价要求 3. 小组展播 4. 小组互评、师评 5. 剩余小组依次展播、评价 6. 填写评价表	
时间地点	90 分钟；课堂、课外	
注意事项	1. 充分做好展播的各项准备 2. 明确展播的评价标准 3. 教师的总结要有高度	

活动记录

观看展播作品时，填写表 14－2 和表 14－3。

表 14-2 小组观展记录表（一）

（以个人为单位填写，小组成员每人填写一张）

展示组别	展示主题	择善而从	我的感受
第____组			
第____组			
第____组			
第____组			
第____组			

表 14－3 小组观展记录表（二）

（以小组为单位填写关键词、句）

展示组别	小组共识的可学之处	探析其他组的行动付出	欣赏行为背后的小组修养
第____组			
第____组			
第____组			
第____组			
第____组			

随手记

故事，是文化传播的极佳载体。
小时候，我们喜欢听故事，
在故事里记住了做人做事的道理。
现在，我们学着讲故事，
把我们受益的“道”和“理”讲给更多人听。

互动一下

你还记得哪些小时候的故事？请列举两三个，并说明其中蕴含的人生道理。

单元十五 实践教学：讲好中国故事

活动目的

本活动以“讲好中国故事”为主题开展实践教学，旨在通过引导学生体验地方文化、挖掘文化精髓，培养学生对地方文化的兴趣和热爱，强化文化应用与践行能力，增强传承优秀传统文化的主动性，展现当代大学生风采。

讲好中国故事

活动设计与实施要求

本次实践教学活动设计与实施如表 15－1 所示。

表 15－1 活动设计与实施

拟定目标	通过沉浸式展播，引导学生热爱地方文化，强化文化核心素养，提高传承文化能力，增强学生语言表达、自主学习和团队协作的能力，提高审美品位，巩固和加深前期所学理论知识，提升课堂教学实效	
把握关键	展播选题拟定	活动过程的控制和评价
	根据学习内容及生源地分布，由教师大致限定选题范围，学生在选题范围内自选展播选题（或教师拟定多个展播选题供学生选择）	展播资源制作与播放；教师或学生对展播作品进行评审；填写评价表
演讲分组	将教学班分成若干小组，指定组长，每组组员合作选定展播主题、制作展播资源、指定展播人	
基本流程	1. 拟定展播选题范围（课前） 2. 说明展播程序和评价要求 3. 小组展播 4. 小组互评、师评 5. 剩余小组依次展播、评价 6. 填写评价表	
时间地点	90 分钟；课堂、课外	
注意事项	1. 充分做好展播的各项准备 2. 明确展播的评价标准 3. 教师的总结要有高度	

活动记录

观看展播作品时，填写表 15 - 2。

表 15 - 2　小组意见记录表

（以小组为单位填写关键词、句）

展示组别	地方文化吸睛之处	启发互学	不足之处与建议
第___组			
第___组			
第___组			
第___组			
第___组			

随手记

模块小结

文化，无处不在。它可以具体表现于生产方式、生活习惯、民风民俗等方面，也可以体现在器物、制度、思维方式等方面。当我们谈论传承文化时，就不可避免地谈到一个问题：我们究竟要传承什么？同样地，当谈及践行文化时，也会思考如何有效践行。

明确了文化精神与文化表现的关系，每一个人都可以结合自身实际需要，以适合自己的方式去传承优秀文化。理解文化价值观，有助于我们更深刻地了解自我追求，并正确践行。

我们要立足当下，脚踏实地，以实际行动展现当代大学生的风采，在文化传承与践行中不断完善个人的道德修养，成长为更好的自己。

参考文献

[1] 王宁. 汉字与中华文化十讲［M］. 北京：三联书店，2018.

[2] 李程. 传统文化精神与大学生思政教育［M］. 北京：光明日报出版社，2013.

[3] 张岂之. 中华优秀传统文化核心理念读本［M］. 北京：学习出版社，2012.

[4] 张岱年，方克立. 中国文化概论［M］. 3版. 北京：北京师范大学出版社，2019.

[5] 朱良志. 中国美学十五讲［M］. 2版. 北京：北京大学出版社，2025.